A Verdade Está Dentro de Você

CB017345

Foto: Alicia Sanguinetti

Darío Lostado estudou Filosofia e Psicologia na Universidade Central de Madri e na Universidade de Salamanca (Espanha). Foi professor no Chile, em Santo Domingo e em Porto Rico, e deu numerosos cursos de Relações Humanas e de desenvolvimento mental e pessoal. Seus livros são editados na Espanha e na América Latina com grande êxito.

Darío Lostado

A Verdade Está Dentro de Você

Tradução
ZILDA HUTCHINSON SCHILD SILVA

EDITORA PENSAMENTO
São Paulo

Título do original:
Hacia la Verdad de Ti Mismo

Copyright © 1992 by Darío Lostado.

Edição	Ano
1-2-3-4-5-6-7-8-9-10	94-95-96-97-98

Direitos de tradução para a língua portuguesa
adquiridos com exclusividade pela
EDITORA PENSAMENTO LTDA.
Rua Dr. Mário Vicente, 374 – 04270-000 – São Paulo, SP – Fone: 272 1399
que se reserva a propriedade literária desta tradução.

Impresso em nossas oficinas gráficas.

Sumário

Introdução

Anos atrás, quando eu era jovem e logo que me tornei adulto, minha principal preocupação era conseguir uma melhor qualidade de vida física, econômica e social. Meus desejos e aspirações eram os mesmos que os da maioria das pessoas: ter uma boa posição social e ser amado, aceito e até mesmo admirado pelas outras pessoas. Minhas idéias, pensamentos, desejos e projetos se fundamentavam nas idéias e projetos dos meus educadores e do ambiente em que vivia.

Mas percebia que tudo aquilo era alheio a mim. Vi que estava vivendo alienado da vida.

Talvez aquelas idéias e projetos fossem bons, contudo não eram meus, não haviam surgido em mim. Tratava-se de um modo automático e inconsciente de viver cada situação, tanto as que pareciam aceitáveis quanto as que não o eram.

Pouco a pouco, só Deus sabe como e por quê, entendi que a Verdade, Deus, não combinava com aqueles estereótipos ideológicos e moralistas que a sociedade e a educação tradicional me impunham, com seus postulados e princípios inflexíveis e exclusivos.

Vi que, como Fernão Capelo Gaivota, eu também tinha medo de abandonar o bando de gaivotas que se arrastavam pela areia sem se atreverem a voar, pois todas faziam isso e ele não queria ser renegado pelo bando.

Pouco a pouco, fui entendendo que o Ser, Deus (as palavras não importam), abria claramente caminho dentro de mim e que eu começava a romper as cadeias das ideologias filosóficas, psicológicas, teológicas e sociais que me aprisionavam.

Vi como a mente brinca com as idéias.

Até mesmo as idéias sobre o que existe de mais sagrado haviam se transformado num jogo dialético acadêmico e, em vez de sinalizarem, guiarem e levarem-me rumo ao significado da vida, haviam-se convertido num emaranhado de teses, antíteses e especulações teóricas que não levavam a parte alguma, além do próprio jogo mental enervante.

Percebi que a perfeição está na simplicidade.

E também percebi que não se pode encontrar o que é simples na complexidade da mente, mas na simplicidade da visão direta da inteligência.

E aqui estou, defendendo esse princípio.

Estou buscando ver e saborear o Ser em mim, em sua infinita riqueza, na simplicidade da minha visão interior.

A Realidade, a Verdade, é simples. Porém o emaranhado mental de idéias sobre a Verdade é muito complicado.

Para expressar e comunicar minha visão do Ser, da Verdade, não tenho outro remédio senão usar idéias e palavras. Porém tratei de fazê-lo nestas páginas com a maior singeleza que me foi possível.

Apresento cada página tal como ela brotou espontaneamente dentro de mim.

Este não é um ensaio científico, muito menos didático, porém uma visão existencial que pretendo compartilhar com o leitor.

No entanto, escrevo estas páginas não sem um certo temor e alguns escrúpulos. Por um lado, pretendo ser uma ajuda para todos aqueles que desejam despertar. Por outro, percebo que em muitos dias, em muitas ocasiões, eu mesmo estou adormecido.

Quando eu estiver completa e definitivamente desperto, me atreverei a escrever algo?

Minhas palavras são como as do alpinista que está escalando o Himalaia com grande esforço, e que vai contando o que vê, o que sente, o que vive. O cume da montanha ainda está distante. Porém, ele sabe que a montanha está ali, à sua frente, e ele caminha em sua direção.

O caminho é árduo. Há desalento, alegrias, luzes, sombras, tormentas... Porém atrás das nuvens, sempre está o sol radiante, regenerador...

Quero que minhas palavras sejam um estímulo para que se dissipem as nuvens da ignorância. Então aparecerá o sol da Verdade. Não é preciso buscá-lo em nenhum lugar visto que ele está aí, em cada um de nós. Só é preciso fazer desaparecer as nuvens engendradas pela mente. Só conhece a Verdade, o sol, quem se identifica com a Verdade e o sol. Não pretendemos melhorar nossa conduta, mudar de um modo de ser para outro. Não. Buscamos a transformação total. O começo dessa transformação acontecerá quando entrarmos em contato com o centro de nós mesmos. Não importa qual o caminho escolhido. O que é certo é que é preciso mudar o caminho que percorremos durante a maior parte da nossa vida. Estivemos dando voltas ao redor de um ego individualista e raquítico e é preciso abandonar esse caminho para empreender um outro, rumo ao nosso verdadeiro centro.

O labirinto de caminhos e atalhos mais ou menos conhecidos, oferecidos comercialmente, se apresenta ante o buscador sincero como um discurso obscuro, indecifrável.

São tantas as alternativas e os métodos que não se sabe por onde começar.

Porém, é preciso ser valente para livrar-se de tantas autoridades e crenças e lançar-se decididamente à maior e melhor aventura de cada vida humana em toda a Humanidade: ser autêntico, viver a partir de si mesmo, sem apegos nem dependências.

Você é o seu princípio, o seu caminho e a sua meta. E em si mesmo você encontrará o único princípio, o único caminho e a única meta.

PRELIMINARES

Se você se sente cheio de tristeza, se se sente tolhido pela desgraça e pela infelicidade, se não sabe para onde ir, o que fazer, se não encontra sentido na vida que leva, se vive inquieto mas não consegue entender o motivo, se quiser encontrar a luz em sua vida, eu lhe proponho que sossegue por um momento e pense com calma no que vou lhe dizer.

A causa da sua infelicidade, das suas dúvidas e da sua confusão não são as circunstâncias em que você vive no mundo que o rodeia, nem as pessoas que o molestam e lhe fazem mal.

A única causa da sua infelicidade está em você mesmo.

A causa da sua infelicidade é a idéia errada que você alimenta a seu próprio respeito.

A causa da sua infelicidade é o seu "ego". A idéia equivocada que você faz de você mesmo.

Enquanto acreditar que é esse ego ou essa falsa idéia de você mesmo, enquanto não buscar e encontrar a sua própria verdade em você mesmo, tudo quanto você viver e tudo o que lhe acontecer será motivo de desdita e intranqüilidade.

O que você deve fazer? Descobrir a sua verdade em você mesmo, eliminando toda essa trama de erros e falsidades a seu próprio respeito.

A verdade sempre esteve e está aí, em você.

A verdade de si mesmo

Por acaso se pode "dizer", expressar com palavras, a verdade de alguma coisa? Por acaso o "si mesmo" é algo que se possa "dizer" o que é? A verdade não é o que se diz ou se pensa. A verdade é O QUE É. A verdade é A Realidade. Tudo o que eu disser sobre alguma coisa serão só idéias minhas sobre isso, idéias mais ou menos aproximadas.

Só tem verdade ou é verdadeiro aquilo que não muda, que é sempre idêntico a si mesmo. Por isso, Deus, ou o Ser, é a verdade. E você, eu e todos os seres humanos naquilo em que somos Realidade, no que somos o Ser permanente, Deus, somos também Verdade.

Por isso eu não posso dizer-lhe a minha verdade nem a sua. Somente insinuo caminhos para que cada um encontre a verdade de si mesmo, encontre o que é permanente, o que é a Realidade, a Verdade de si mesmo.

Falar sobre a "minha" verdade e sobre a "sua" verdade é um erro e um equívoco. Não existe "minha" verdade nem "sua" verdade. O que chamamos "minha" verdade ou "sua" verdade nada são senão minhas idéias ou suas idéias sobre alguma coisa. A verdade não é nem sua nem minha. A Verdade É. Eu e você podemos pensar sobre a verdade. Porém o que pensarmos nunca será a Verdade. Será somente uma idéia parcial da Verdade, na melhor das hipóteses.

Como estamos acostumados a pensar e a falar pelo que ouvimos dos outros, costuma-se dizer com freqüência: "Essa é a 'minha' verdade." E se diz porque parece uma frase original e bonita. Porém deveríamos dizer: isto é o que eu vejo. Nada mais.

Sendo assim, acaso podemos falar sobre a nossa verdade? Sim, podemos falar sobre muitas coisas, porém a Verdade nós só a teremos quando a virmos interiormente, quando a sentirmos por nós mesmos, quando a vivermos e vivenciarmos.

Eu só quero apontar a direção. Minhas palavras e idéias só são uma flecha de sinalização. A mente jamais poderá conhecer a verdade de nós mesmos. A mente serve de ajuda no caminho. Porém chega um momento em que a mente tem de se calar. E, no silêncio da mente, aparece a Verdade. E só então.

A Verdade é o Ser e a Realidade. E só se compreende o Ser, só se Vê, com a luz do próprio Ser.

E qual é a realidade do SI MESMO? Qual é a nossa verdade? Qual é a verdade do que somos?

Aquele que sonha acredita que o que está sonhando é real.

Chuang-Tzu teve um sonho em que pensava que era uma borboleta que ia colhendo néctar de flor em flor.

Ao despertar, ficou aturdido pois não sabia se aquilo havia sido um sonho, ou se na verdade ele era uma borboleta que agora estava sonhando que era um homem.

Qual era a realidade e qual o sonho?

Todo pensamento é um jogo mental.

O pensamento, o jogo mental pode ter infinitas formas. Porém, é evidente que nenhum pensamento, nenhum conteúdo da mente é real. E, por conseguinte, nenhum pensamento é a Verdade.

Por isso, dei a estas páginas o título "A Verdade Está Dentro de Você".

Somente quando contatarmos e vivenciarmos a Realidade de nós mesmos, conheceremos a nossa Verdade. E isso não se consegue unicamente pensando, remoendo idéias, raciocinando.

A Verdade, a derradeira Realidade, não pode ser percebida pelos sentidos externos nem pela mente. Ela é vivenciada pela consciência interior, direta e imediatamente.

O que conhecemos sobre o mundo exterior conhecemos e percebemos pelos sentidos e pela mente. Ambos, tanto os sentidos como a mente, "colorem" segundo sua capacidade e seus próprios condicionamentos os dados que captamos no exterior. A crença comum é exatamente o contrário. Crê-se que a realidade exterior visível e tangível é a verdadeira realidade e, segundo muitas pessoas, a única realidade. Costuma-se pensar que real é aquilo que se pode tocar, e a outra realidade, ou seja, aquilo que os sentidos externos não podem perceber, é considerado ideal, imaginário, abstrato. Fomos educados nessa concepção sensorial.

Assim parece ser quando olhamos superficialmente para as coisas, embora sejam os cientistas ou gente importante que defendem essa idéia. Estou convencido de que minha visão não é a comum. Porém é a de quem experimentou e vivenciou a Realidade, Deus. Todos sabemos por experiência como os sentidos e a própria mente nos enganam. A mente é condicionada por conhecimentos e experiências anteriores.

Só a luz da consciência interior nos dá a segurança da verdade de tudo quanto se vê e conhece.

Essa luz interior é a única que nos fará Ver e Sentir a verdade que nós somos.

Para quê e para quem

Como todos os outros livros sobre a busca da verdade de si mesmo, este só serve para os que sentem uma autêntica e verdadeira exigência interior da verdade, acima e à parte de quaisquer interesses egocêntricos de bem-estar, saúde, êxito ou outro objetivo inferior qualquer.

Este, como todos os outros livros sobre esse assunto, tampouco serve — porque não é mais necessário — para aquelas pessoas que já encontraram a luz da verdade do seu Ser interior e a vêem, sentem e vivem. Pois este livro visa obter um melhor discernimento mental. E os que vêem e vivem a partir do seu Ser interior, já estão mais além da mente.

O dia em que uma pessoa deixar de precisar de livros, o dia em que ela enxergar com toda clareza que todos os mestres e todos os ensinamentos estão nela mesma, será o dia mais feliz de sua vida. E ela não sabe disso intelectualmente, ela o vê, sente e experimenta.

É então que a Sabedoria lhe fala diretamente. Ela está na Sabedoria e a Sabedoria está nela. Melhor ainda, ela é *una* com a sabedoria.

Paradoxal é o fato de já sermos unos com a sabedoria. Ao menos em teoria.

Você, eu e cada um dos seres humanos somos sábios, somos unos com a sabedoria, com a luz, com a felicidade. Contudo, não acreditamos nisso, visto que somos levados e traídos pelas idéias e conceitos da nossa mente. Somos a luz, porém vivemos entre as teias de aranha cinzentas e obscuras da mente. Somos sabedoria luminosa, mas vivemos absortos e iludidos com alguns tênues lampejos da razão e da mente, em que fomos treinados como se se tratasse do "máximo", o grande poder humano.

Vivemos sempre no mundo ilusório das idéias, vemos o mundo da Realidade verdadeira como algo inalcançável. E este mundo não está distante. Nós somos essa mesma realidade. Mas não nos damos conta disso. Somos a Realidade, contudo não a vivemos.

Somos ricos, no entanto, vivemos como pobres carentes e esfarrapados. Não percebemos que somos a própria riqueza.

Enquanto não percebermos que vivemos com os sinais invertidos, não chegaremos a sentir a verdade de nós mesmos.

Vivemos o irreal como se fosse real e consideramos o que é verdadeiramente Real como irreal, distante e utópico.

A finalidade deste livro, destes livros, é incitar a mente para que comece a despertar, para que deixe o sonho. Quem sonha e quem desperta é a mesma pessoa. Eu não posso despertar por você, e nem você por mim ou por outra pessoa qualquer. De nada adianta dizer a alguém que está dormindo e sonhando. Só quando sair do sonho é que perceberá que estava sonhando. Enquanto sonha, o sonho é o real para essa pessoa.

Como o homem moderno está demasiado ocupado com "seus afazeres" preferi expor as idéias em capítulos curtos. Entre uns e outros há apenas uma pequena relação seqüencial de modo que podem ser lidos conforme se abra o livro.

Minhas palavras visam unicamente estimular a sua mente e o seu coração para ajudá-lo a despertar e permanecer desperto. Não pretendo ser seu guia ou mestre, porque o seu melhor mestre está muito perto de você, está dentro de você. Ouça-o.

Quando o buscador da Verdade vê que existem tantos caminhos, métodos, sistemas, milhares de escolas de ioga... ele fica perplexo, sem saber que rumo tomar.

Eu não proponho nenhum método, nenhum caminho. Já há muitos, para não dizer demasiados.

Somente proponho o que você, por si mesmo, e no seu próprio caminho, pode fazer e caminhar.

A única coisa a que deve dar atenção é que a mente irá lhe colocar muitos obstáculos no caminho.

O seu "eu" inferior aparecerá disfarçado de luz. As suas idéias rondarão a sua mente como se fossem intuição ou iluminação interior. O seu ego, sutil e enganador, sempre surgirá com seus infinitos disfarces.

Você terá de discernir o que são desejos egoístas do "eu" inferior, e o que são as aspirações do ser interior ou "eu" superior.

Os desejos e apetites inferiores costumam aparecer na mente como se fossem intuições profundas do eu superior. Não se deixe enganar.

Se você tem uma autêntica e genuína aspiração de conhecer a Verdade de si mesmo, estas linhas são para você. Adiante!

O que buscamos

Este não é um ensaio literário, nem filosófico, psicológico ou científico.

Este é um ensaio vivo, existencial.

Trata-se de um empenho ou da intenção de buscar a Verdade. Porém, não a verdade científica sobre alguma coisa nem a verdade metafísica abstrata.

É a sinalização do caminho para encontrar a Verdade de si mesmo em si mesmo.

Onde se poderia buscar e encontrar a Verdade de si mesmo senão onde ela está?

Porém, existe um grande impedimento logo no início, e se trata do fato de acreditarmos que somos o que não somos. É preciso identificar com clareza a si mesmo. É necessário desmascarar o falso "eu" que acreditamos ser.

E o que cremos ser é muito deficiente, muito negativo, por mais que passemos a vida tratando de demonstrar que somos uma beleza. Porém, como no nosso íntimo cremos que somos pouca coisa, fugimos de nós mesmos, tememos conhecer a verdade sobre nós mesmos. Ainda que a Verdade seja muito diferente daquilo em que acreditamos.

Visto que (neste ensaio) vamos falar sobre a Verdade mais importante para cada um de nós, também devo dizer a verdade sobre o motivo que me levou a escrever estas páginas.

Ainda não tenho muita certeza de ter tomado a decisão correta ao escrevê-las. Tendo a impressão de que aconteceu comigo o mesmo que acontece com quem recebe uma grande notícia, ou tem uma intuição ou experiência luminosa, e se apressa em contá-la aos outros. Não pode guardá-la para si mesmo.

E é justamente por isso que não estou seguro de ter agido corretamente ao ceder ao impulso de contar minhas intuições ou experiências, porque nessas situações é o ego impaciente que está tentando se manifestar. Se é assim, talvez dentro de um ano ou dois, à medida que for eliminando os disfarces dos inúmeros "eus" com que costumamos nos disfarçar, verei se algum deles estava movendo meus dedos ao escrever.

Mas estou certo de uma coisa: quero compartilhar a verdade que vou vendo de mim mesmo com todos aqueles buscadores sinceros que amam a verdade mais e acima que tudo e que ninguém.

Este livro se destina àquelas pessoas que têm como amor, desejo, anseio e objetivo principal o mais importante e talvez o único, ver a verdade onde ela está. Buscamos a verdade sem qualquer condicionamento por idéias, escolas ou ideologias. Nossa consciência é suficientemente capaz de fazer a investigação por si mesma.

Este livro é dedicado a todos aqueles que desejam sinceramente encontrar a verdade de si mesmos. Não importa sua ideologia, religião ou cultura.

Por isso evitei usar palavras e expressões técnicas, ou em sânscrito, que talvez fossem mais expressivas ou apropriadas, porém não tão acessíveis a algumas pessoas. Tratei de ser o mais singelo possível em todas as minhas exposições. Não vejo necessidade de se usar uma linguagem rebuscada para dizer algo importante.

Este não é um típico ensaio de erudição.

Existem muitos ensaios que cumprem todas as leis da pesquisa usando termos e frases muito técnicas e especializadas, que só são acessíveis aos especialistas na matéria. Ao lê-los, fica-se com a impressão de que seu autor é culto e instruído. Contudo, é como se o conteúdo fosse uma nebulosa irresolúvel e ininteligível. No final, fica-se com a pergunta: que ensinamento útil para a vida o livro me trouxe? Às vezes o resultado é uma confusão intelectual maior ainda.

Não é essa a finalidade destas páginas. Elas não pretendem ser uma demonstração de erudição, porém, ao contrário, querem ser uma ajuda orientadora para o homem das ruas que tenha uma exigência ou aspiração interior de encontrar um sentido para sua vida, de conhecer qual o sentido de sua existência, que deseja descobrir quem ele é e qual o motivo para estar aqui neste mundo com todos os percalços e problemas da existência.

Em todas as minhas páginas trato de repetir a mesma melodia em tonalidades diferentes.

Trato de insinuar que todos os nossos problemas têm uma origem e uma causa básica comuns e, conseqüentemente, também as soluções de todos esses problemas têm um mesmo denominador comum.

Este ensaio visa ter utilidade prática. Pretende ajudar a VER, pretende ajudar a SER, pretende que cada pessoa veja o que é e seja e viva o que É.

Depois disso a pessoa poderá jogar a seu bel-prazer os jogos sociais, científicos, artísticos, políticos... com sua mente agitada e inquieta. Porém os jogará sabendo que são jogos.

Deve-se tomar parte em todos esses jogos depois que o problema básico estiver resolvido, porque, de outro modo, esses jogos se transformam em pequenas ou grandes batalhas, com eventuais e momentâneos vencedores e vencidos, tiranos e tiranizados a se alternarem que vão criando em série problemas que, paradoxalmente, os mesmos que os criaram logo tentam resolver.

Assim ficamos presos num círculo vicioso, no eterno tecer e desfiar o tecido de Penélope.

Se resolvemos o problema básico da nossa vida, ou seja, se temos consciência e compreensão prática do que somos e do que são os demais, os jogos que jogarmos na vida não serão uma eterna competição e lutas constantes entre rivais, porém jogos do próprio desenvolvimento.

Não penso num mundo quimérico, totalmente feliz.

Penso nos pequenos mundos de felicidade das pessoas que decidem viver a Verdade de si mesmas.

O mundo como um todo é composto desses pequenos mundos pessoais.

Eu acredito na harmonia, na claridade, na lucidez, na paz, no desenvolvimento e na felicidade do pequeno mundo interior da pessoa.

Creio também na influência eficaz e silenciosa dessas pessoas lúcidas e luminosas que não figuram nos primeiros escalões da sociedade, que não aparecem nos meios de comunicação, que não são levadas em conta, que são desconhecidas e às vezes menosprezadas, que vivem e morrem, que aparecem e desaparecem como estrelas luminosas no firmamento da Humanidade.

Creio nessas vidas muito mais do que nos altissonantes discursos dos políticos de ocasião e no ativismo frenético dos socialmente triunfantes.

Este ensaio não é nem pode ser um ensaio científico, porque embora alguns falem da ciência do conhecimento de si mesmos, esse conhecimento e essa investigação não são científicos. O conhecimento, a pesquisa e a experiência de si mesmo é Sabedoria.

A ciência é dedutiva ou indutiva. É discursiva.

A Sabedoria é intuitiva, imediata e direta. Sem deduções nem discursos, até mesmo sem palavras nem conceitos em si mesma, embora se usem palavras e conceitos para transmiti-la e expressá-la de alguma maneira.

Na Sabedoria SE VÊ.

Na ciência julga-se, deduz-se, induz-se e argumenta-se.

Na Sabedoria há luz, inteligência intuitiva direta.

Na ciência há julgamentos e argumentos verdadeiros e falsos. Nem sempre há luz. E muitas vezes há contradições e mudanças.

Na Sabedoria se conhece o sujeito que conhece.

Nas ciências se conhecem objetos e situações objetivas.

A Sabedoria é o conhecimento da Causa primeira.

As ciência falam sobre os efeitos.

A Sabedoria é acerca do invisível.

As ciências se limitam ao palpável e sensível.

A Sabedoria trata da Realidade essencial.

As ciências, das formas acidentais.

A Sabedoria é da Realidade que sustenta.

As ciências são da realidade do que é sustentado.
Como se vê, nem sempre a Sabedoria e a ciência seguem unidas.
Há sábios cultos e incultos, assim como há cientistas sábios e os que não o são.
A Sabedoria não requer conglomerados de conhecimento.
A Sabedoria é o conhecimento do que é simples. Sempre o mais perfeito é o mais simples.
Nosso Ser, o Ser, a base de tudo, objeto de nossa análise, é o mais simples, o invisível, base e causa de tudo o que é visível.

O grande descobrimento

Admiramos os grandes avanços modernos.
Ficamos na expectativa de saber o que existe no espaço exterior.
Ansiamos por encontrar remédios contra o câncer e a AIDS...
Porém há uma descoberta muito mais importante e muito superior a todos esses descobrimentos e a quaisquer outros com os quais possamos sonhar.
No dia em que uma pessoa descobrir e souber com toda certeza, não só intelectual e teoricamente, porém por experiência e prova direta, O QUE É E QUEM É, nesse dia a sua vida terá adquirido um novo e verdadeiro sentido. Nesse dia as conquistas espaciais terão apenas o valor de um mero relato e o câncer e a AIDS, com suas correspondentes conotações letais, não significarão mais do que o que se pensa sobre uma folha de árvore que cai no outono.
No dia em que experimentarmos a nossa verdadeira natureza, todo o mundo com seus "grandes" problemas, seus grandes avanços,

seus grandes acontecimentos, nos parecerá um ilusório e intranscendente sonho infantil. Tudo o que agora nos assusta, preocupa e comove, nos causará riso.

Enquanto continuarmos a considerar a pergunta: quem sou? como uma mera teoria ou como uma simples interrogação a mais em nossa vida, para a qual buscamos uma resposta intelectual, tudo o que estou dizendo parecerá um absurdo inaceitável. Eu sei. Não pretendo que sejam muitos os que crêem e admitem sem reservas o que digo. Porém eu sei que algum dos meus leitores será "tocado" por essas reflexões e começará a dispor-se a EXPERIMENTAR e a VIVENCIAR sua própria realidade, a Verdade de si mesmo, que ultrapassa com grande margem de vantagem qualquer outro descobrimento intelectual, por grande e importante que pareça.

O chegar a SABER e saborear o que somos muda radical e totalmente o sentido de toda a nossa vida. Então tomamos consciência, por exemplo, de que a morte não existe, de que somente existe vida, e que isso que denominamos morte nada mais é do que um momento a mais da vida, em que desaparecem as formas com que a Vida se expressava, para seguir adiante, expressando-se de outra maneira.

Os cientistas hoje se debatem para prolongar a vida e retardar a morte. Porém quando tivermos a experiência viva do que somos, veremos que esses esforços não têm muito sentido. Se os esforços que fazemos para continuar nos agarrando à vida, para conservá-la, nos proporcionassem a compreensão da verdade de nós mesmos, muitas de nossas preocupações desapareceriam totalmente.

EXPERIMENTAR A VERDADE DE NÓS MESMOS. Esta é a grande descoberta.

Uma verdade tão simples, tão fundamental e tão básica, mas que nos parece estranha, distante, utópica e, em conseqüência, inalcançável e impossível. Por isso são tão poucos os que levam este trabalho a sério, embora seja de longe o mais importante da nossa existência.

Ninguém pode pronunciar com um mínimo de sentido esta pequena frase, tão superficialmente repetida: "Sinto-me realizado" — se não tiver experimentado a Verdade de si mesmo.

Esse é o único e exclusivo sentido de realizar-se ou de sentir-se realizado de verdade. O mais, sentir gosto pela profissão ou trabalho que se faz, não passa disso, de um simples gosto ou satisfação dos sentidos e da mente ao fazer ou ter o que sempre quis fazer ou ter. No entanto, como toda satisfação dos sentidos, aparece e desaparece como fogos de artifício. A realização dessas pessoas dura o tempo que durar a ilusão de acreditar que é realidade permanente o que não passa de uma ilusão temporária e momentânea. Assim, a cada dia, vemos que os que se sentiam realizados num dia, diante do menor contratempo caem na mais profunda e amarga angústia.

A pessoa que se sente realizada de verdade, aquela que experimentou e viveu sua realidade, jamais sentirá angústia e depressão. Unicamente fica deprimido quem vive no erro de acreditar que é realidade permanente o que não passa de uma ilusão passageira.

Esta é a grande descoberta da nossa vida: saber quem somos, saber por experiência própria, e não por que nos disseram qual é a nossa verdadeira realidade.

Todos lembramos como em nossa época da escola, quase todos os professores costumavam dizer que sua matéria era a mais importante do ano, para que nos dedicássemos a ela com o maior dos interesses.

Eu lhe asseguro que cada um de nós verá por si mesmo que esta matéria que estudamos agora, sobre a experiência vivencial do que somos no fundo de nós mesmos, é a mais importante que podemos estudar em nossa vida.

Através destas páginas eu apenas sinalizo o caminho que cada pessoa deve percorrer por si mesma.

As palavras e as mesmas idéias não servem para muito enquanto não se chegue a experimentá-las em vivências pessoais. Não se trata de um descobrimento intelectual, mas sim vivencial. Está ao alcance de quem se decida com sinceridade.

Um método fácil

Perguntei-lhe: "Quem é você?"

Ele me disse: "Quem sou eu? O que sou é evidente."

"Diga-me, por favor," insisti, "quem é você, sem se referir ao seu nome, ao seu corpo, à sua família e às suas qualidades."

Ele olhou para mim, ficou pensativo e respondeu: "Você está me tirando tudo."

Eu lhe disse: "Não estou tirando nada de você. Nada disso que enumerei é você. Preste atenção: quando fala, você diz o meu corpo, os meus pensamentos, as minhas qualidades... quer dizer que há um possuidor e umas coisas possuídas. Você é esse possuidor. O seu corpo é algo que você possui. As suas idéias, as suas qualidades, os seus sentimentos... são algo que você tem ou pode deixar de ter. Isso quer dizer que o possuidor existe antes e à parte do que é possuído. O possuidor é um ser independente do possuído. O possuidor não muda. Mudam as suas posses. Porém ele é sempre o mesmo. Embora o possuído esteja em constante modificação, o possuidor é aquele que vê e observa tudo o que vai se modificando.

Você é a consciência luminosa que vê e observa.

Para chegar a ter a intuição clara e evidente de que você é isso, essa luz consciente e amorosa, terá de desidentificar-se do que não é ou seja, do seu corpo, dos seus pensamentos, das suas qualidades e das suas coisas. Quando largar o que você não é, sobrará o que você é.

A crença de que somos o nosso corpo com nossas idéias é tão forte e profunda que se torna muito difícil convencer-nos do contrário. Porém essa convicção pode chegar através de uma observação sincera e profunda. Nunca ficando com as crenças superficiais que sempre tivemos.

Seu nome é uma palavra. Suas idéias são conteúdos da sua mente. O seu corpo está em constante modificação enquanto você continua sendo o mesmo. Repita constantemente esta pergunta: quem sou eu? quem é esse que come, quem é o que caminha, quem é o que ama, o que pensa, o que trabalha?... Esta pergunta deve estar sempre ressoando em você. Este é o método simples, singelo, porém prático. Pergunte-se sempre: quem sou eu?

Um dia aparecerá a luz, aparecerá você que é luz, e as trevas do que você não é desaparecerão. Você perceberá que é a testemunha de tudo o que acontece em você, de tudo o que você faz e percebe. A testemunha permanente, inalterável, divina, eterna.

O que é meditar?

Meditar é uma expressão polivalente.

No entanto, a verdadeira meditação, a que é necessária para o encontro consigo mesmo, não é algo que se tenha de fazer, não consiste em alguma ação; antes é uma atitude de ser.

Na nossa vida moderna valorizam-se principalmente, e quase exclusivamente, as ações. Aquilo que requer uma ação mais intensa é valorizado, além de trazer recompensas maiores.

Não ocorre o mesmo no nível da consciência em que trabalhamos no intuito de contatar o nosso Ser, o centro de nós mesmos. Nesse trabalho, a maior ação consiste na não-ação.

Nele, a meditação não consiste em fazer alguma coisa, porém em tornar-se disponível para que algo aconteça.

Dispor-se a que aconteça algo, dispor-se a ter esse contato com o Ser, requer unicamente que a pessoa se esvazie, não faça nada, fique sem nada, sobretudo se mostre receptiva, com a aspiração intensa de ser no Ser. É preciso ficar livre de pensamentos, de desejos, de ação, somente atento e muito desperto diante do Ser.

Tal como a maior intensidade do Ser está no vazio, no que aparentemente nada significa para os sentidos externos, assim o maior acontecimento, o feito mais extraordinário para o ser humano, ocorre na não-ação, na total ausência de ação.

Os físicos modernos nos falam sobre os buracos negros do espaço. Eles dizem que estes consistem num vazio absoluto. E eles mesmos dizem que esses buracos negros, esse vazio absoluto, é precisamente a maior condensação e intensidade de energia. No aparentemente mais absoluto nada está a maior intensidade do Ser.

O Ser mais perfeito, Deus, é o mais simples, o mais invisível, o menos perceptível sensorialmente. Contudo, é o ser mais autêntico, o verdadeiro ser, o único ser. Tudo o mais é a manifestação DESSE não-manifestado.

Muitas pessoas têm medo de ficar a sós, têm medo de pensar, de enfrentar a si mesmas, têm medo de se ver, de se contemplar. No entanto, elas têm muito mais medo ainda de não pensar, de ficar em silêncio absoluto por dentro e por fora. Têm um medo maior ainda de deixar de contar com o apoio das sensações exteriores e dos próprios pensamentos, nossa companhia constante.

Em geral, temos aversão ao não-fazer, ao não-pensar. Fomos educados para a ação competitiva, dominante e aquisitiva. Portanto, somos prisioneiros constantes dos pensamentos, dos projetos e dos objetivos.

Contrário a este hábito com que fomos educados, existe um outro modo de ser e de comportar-se. Trata-se da atitude e do estado de estar vazio de tudo e disponível ao Ser, ao que É TUDO.

Essa atitude, este estado de ser e estar, é a meditação.

Os outros tipos de meditação podem ser úteis para outros fins. Contudo, esses fins pertencem ao plano existencial ilusório e impermanente. Não ao plano essencial, real e permanente.

Jamais poderemos chegar à simplicidade e perfeição do Ser, do nosso ser, por meio da complexidade da mente com seus conteúdos múltiplos e confusos.

A meditação, com o silêncio absoluto da mente, é necessária para um feliz encontro com o Ser, com nosso verdadeiro Ser, no centro de nós mesmos.

A melhor meditação é o não-pensar, é silenciar a mente com todos os seus conteúdos.

Quando há vazio e silêncio dentro de você, você fica mais pleno de si mesmo, da felicidade e do amor que você é. Então nada poderá inquietá-lo porque você saberá por experiência própria que já é tudo o que poderia desejar ser. Nada nem ninguém pode anular o que você é, porque você é UM com O Ser, com Deus.

Se você entender o que estou dizendo, nem que seja apenas intelectualmente, eu o convido a começar a tentar esta experiência, visto que se trata de um sinal muito provável de que existe em você uma exigência de algo mais, de algo melhor do que o que você está fazendo e vivendo. Adiante!

A REALIDADE DO SER INTERIOR

Despertar e libertação

Vivemos numa contínua cadeia de problemas e conflitos internos e externos.

E a causa desses problemas e conflitos é o erro em que estamos vivendo acerca de nós mesmos.

Se o ser humano vivesse pelo que é, a partir do que é, os conflitos desapareceriam num instante, ou melhor ainda, nem sequer seriam criados.

O ser humano acredita que é algo que não é. Ele julga ser uma estrutura mental, que ele chama de "eu", embora não se trate do seu verdadeiro Eu.

Esse erro tem conseqüências trágicas na sua vida.

Estamos hipnotizados, adormecidos, vivendo um sonho em que acreditamos ser alguém e algo que não somos. Nossa verdadeira realidade é muitíssimo mais e melhor do que acreditamos ser.

Pode haver várias explicações para esse sonho, para esse erro em que estamos vivendo, desde a explicação religiosa do pecado original até a explicação oriental do Karma.

O certo é que a natureza humana, a Humanidade, como tudo o que existe no Universo, está num determinado período de evolução em que a consciência humana ainda não está plenamente desenvolvida.

No que diz respeito às autênticas capacidades da nossa verdadeira realidade interior vivemos adormecidos.

Mais cedo ou mais tarde haveremos de despertar. Porém convém que aceleremos esse processo de despertar pelo bem de nosso melhor desenvolvimento e maior felicidade.

Trata-se, portanto, de não viver pela metade, de não viver dormindo, de não viver em erro sobre o que somos, sobre o nosso verdadeiro ser.

Há dois mil anos a Bíblia nos diz que "já está na hora de despertar do sonho".

No entanto, embevecido por seus avanços científicos e tecnológicos, o homem continua dormindo, continua encerrado no erro sobre a verdadeira realidade de si mesmo.

No transcurso de sua história, a Humanidade tem se debatido em lutas e guerras continuadas e cruéis a fim de libertar-se da opressão, da escravidão e da exploração com que uns homens, povos ou raças travaram para dominar os outros.

A história da Humanidade é uma série contínua de esforços denodados para umas pessoas se livrarem de outras, uns povos dos outros, umas raças das outras... É o anseio de livrar-se das amarras e dependências externas. Mas não é a falta de liberdade externa a pior espécie de dependência que os homens sofrem, mas sim essa outra dependência das idéias pegajosas da mente que escravizam e impedem de ver e contemplar com olhos limpos e livres.

São muito poucos os que sentem a necessidade interior de libertar-se das garras e cadeias desse monstruoso fantasma que é o falso "eu", o seu ego escravizador, que é a causa das rivalidades odiosas, das ambições desmedidas, dos desejos de poder, das invejas, das guerras...

Porém, para despertar e libertar-nos do nosso erro, do nosso falso "eu" temos de VER, temos de nos conscientizar de que estamos adormecidos e que estamos errados. E isso não é fácil, porque quase ninguém quer convencer-se de que está adormecido e vivendo a partir de uma falsa imagem de si mesmo. Para reconhecer que estamos adormecidos é preciso muito valor e humildade sincera.

O certo é que todos, com exceção dessas poucas pessoas realizadas e iluminadas, estamos adormecidos em maior ou menor grau. E somos prisioneiros desse sonho.

Não é fácil sair desse sonho e desse erro. Isso porque se trata de um erro inveterado, transmitido de geração em geração (pecado original?), como se fosse uma verdade irrefutável e incontrovertida. Além disso, vemos que na vida social diária as grandes personalidades vivem assim. E como vamos duvidar de que essas autoridades da política, das letras, das ciências e até mesmo da religião vivem no erro e na ignorância? Fica difícil entender que os que governam a sociedade em campos distintos do saber estão mergulhados no erro e na ignorância de algo tão importante. Sua autoridade se nos impõe e parece quase impossível que quase todos estejam e vivam nesse erro lamentável.

Isso faz com que certos lampejos e faíscas de iluminação que surgem de vez em quando na nossa consciência não tenham continuidade efetiva e passem como meros instantes de lucidez sem maiores conseqüências.

Todos tivemos mais de uma vez nossos momentos felizes de iluminação. Todos sentimos a vontade e temos a intenção de despertar. Porém, continuamos no cárcere do erro e da ignorância que nos impedem de ver, viver e gozar a verdadeira realidade luminosa e amorosa que SOMOS.

O difícil não é voar, mas soltar as amarras da ilusão, do erro e da ignorância.

E não basta que vejamos e nos conscientizemos de que estamos adormecidos e aprisionados na errônea impotência do nosso sonho.

Antes de tudo, é preciso que nosso desejo e anseio de despertar e alcançar a liberdade seja tão PROFUNDO e SINCERO que se torne a coisa mais importante da nossa vida.

Para concretizar esse anseio de despertar não é preciso que nos encerremos num mosteiro ou que nos retiremos da vida em sociedade para a solidão do deserto.

Cada pessoa pode despertar e libertar-se na sua própria atividade e trabalho de todos os dias.

Não é preciso abandonar ou renunciar a nada. A única coisa necessária é abandonar e largar essa ignorância e o apego às coisas e idéias que nos atormentam e imobilizam.

A mente costuma apegar-se às suas idéias e crenças e se converte no pior inimigo da nossa libertação interior.

Outro inconveniente ou dificuldade dos homens da nossa época para dispor-se a esse despertar interior é a suposta cultura e tecnologia.

No campo da ciência e da tecnologia conseguiram-se feitos maravilhosos, sem dúvida. Ficamos extasiados diante de certos descobrimentos brilhantes, a ponto de até os homens mais cultos e humanistas chegarem a pensar e a propor o desenvolvimento da cultura como o objetivo máximo e derradeiro da vida do homem neste planeta.

A ciência e a técnica se lançaram doida e obsessivamente aos objetos de sua busca e conhecimento, esquecendo-se do sujeito e da fonte de onde brota todo esse desejo de expressão e manifestação.

O orgulho científico ou pseudocientífico abrutalhou e encerrou a mente em si mesma, sem que nos déssemos conta de que a mente não é nada, que a mente não passa do conjunto de conteúdos de consciência, e que o sujeito da consciência, o "Eu" superior de cada ser humano, continua sendo o eterno desconhecido.

Bebemos e nos banhamos nas águas residuais do rio, enquanto ignorados e menosprezamos a fonte que é o que temos de mais nosso e de mais próximo de nós mesmos.

Preferimos ser cultos ou eruditos a ser sábios.

Por certo que falta de cultura significa ignorância. Mas também é certo que existe muita cultura e educação que é "ignorância instruída". E todos sabemos que não faltam por esses mundos de Deus algumas pessoas incultas excepcionais, que são verdadeiros sábios.

Não há motivo para defender a sabedoria frente à cultura. Ambas são compatíveis. E estamos destinados a ser sábios cultos. No entanto, é muito triste que a Humanidade caminhe tresloucada atrás dos objetivos da ciência e da técnica, enquanto se esquece de beber do poço da Sabedoria que está dentro de cada um de nós, e que é a verdadeira ciência da vida.

O que sou

Naquele dia tive uma das minhas grandes alegrias.

Aqueles dois irmãos, ele com quinze anos e ela com somente onze, aos quais quero muito bem e pelos quais nutro um interesse especial, estavam me perguntando coisas que me pareciam superiores à sua idade. De súbito, a garota me disse: "Muitas vezes me pergunto, e meu irmão também, o que eu sou."

Fiquei um tanto perplexo. E respondi:

"Olhe, menina, essa é a pergunta mais importante que nos podemos fazer nesta vida. Muito poucos a fazem. E menos pessoas ainda sabem a resposta. Contudo, quando souber respondê-la, você saberá a coisa mais importante que pode saber na sua vida. Quem conhece a resposta para essa pergunta é um sábio."

As ciências consistem no conhecimento das coisas do mundo. Sabedoria é conhecer o nosso mundo interior. E quando conhecemos o nosso interior, conhecemos todo o mundo interior, porque assim como os conteúdos da mente e os sentidos externos são diferentes em todos os seres humanos, o ser interior é o mesmo para todos.

Muitos costumam chamar de mundo interior o conjunto dos conteúdos da mente e da afetividade. Porém, na verdade, esse não é o autêntico mundo interior do ser humano. É certamente mais interior do que o mundo dos sentidos exteriores. Mas não é aquilo que faz cada pessoa ser ela mesma. Não se trata do verdadeiro ser interior.

E cabe aqui a pergunta-chave mais importante: "QUEM SOU EU?"

Para respondê-la, convém ir desocupando o caminho, eliminando todas aquelas coisas com que costumamos nos identificar ao crer que somos parcial ou totalmente essas coisas.

Antes de tudo o mais, está claro que eu não sou o meu corpo. Sou o sujeito, o dono e possuidor desse corpo. É por isso que falo em "meu" corpo. Meu corpo se modifica enquanto eu continuo sendo o mesmo. Inclusive, podem mudar, e de fato mudam, todas ou a maior parte das células do meu corpo, enquanto eu continuo sendo o mesmo.

A identificação com o próprio corpo talvez seja um dos erros mais graves em que estamos mergulhados no que se refere à nossa verdadeira identidade.

É preciso repetir umas mil vezes: não somos nosso corpo. Nosso corpo nos pertence. Podemos, inclusive, dizer que se trata de uma parte de nós, como as unhas, os cabelos, e até os excrementos, embora ninguém diga que seu corpo são essas coisas.

Nós tampouco somos o nosso corpo, ainda que esse corpo, com todas suas partes, esteja conosco ou em nós. Não estamos em nosso corpo, mas o nosso corpo está no nosso "eu".

Toda a energia vital do corpo depende dos meridianos de energia e estes, por sua vez, têm sua verdadeira fonte na energia do "eu".

Só existe uma Energia, que se manifesta de infinitas formas em infinitos seres. Essa energia se manifesta e se expressa em diferentes níveis e planos, segundo os variados seres através dos quais se expressa.

Somos essa energia-fonte. Essa é a nossa verdadeira realidade. Uma energia que é, ao mesmo tempo, Consciência e Amor.

Toda atividade humana, tanto a física como a mental e a afetiva, com todas as suas manifestações, nasce da energia Consciente e Amorosa que somos nós, que é o nosso "EU", o nosso Ser Real.

Tampouco somos as nossas idéias, os nossos afetos ou sentimentos, ou a nossa personalidade.

Tudo isso é manifestação e expressão do "eu". Porém, não é o "eu". Não é a nossa entidade ou a nossa verdadeira identidade.

Costuma-se entender a identidade pessoal como aquilo que distingue uma pessoa de outra. Assim sendo, identidade seria o que nos distingue e diferencia dos demais. Por isso se costuma tirar impressões digitais como marca ou sinal de identidade.

Porém, convém advertir que, se se tiram as impressões digitais como sinal de identidade, é porque sempre permanecem idênticas a si mesmas. Elas são sempre as mesmas. Porém, nós não somos as nossas impressões digitais. Essas são apenas a identidade do corpo. E já vimos que nós não somos o nosso corpo.

Nossa id-entidade é a entidade em nós que sempre é idêntica a si mesma, que não muda.

Donde se conclui que tampouco somos a nossa personalidade. Perguntamos: "Quem sou eu?"

Eu não sou essa idéia que faço de mim. Toda idéia, por definição, é ideal, não é real. E eu sou uma realidade. Logo, não sou nenhuma idéia por mais bela que seja ou pareça, como aquela definição de Fernão Capelo Gaivota: "Cada um de nós é, na verdade, uma idéia ilimitada de liberdade."

Por mais bonita que seja essa frase, não somos nenhuma idéia. Somos uma realidade muito mais bela.

Nenhuma idéia seria bela se não se fundamentasse numa realidade ainda mais bela.

Eu também não sou essa personalidade ou este personagem que não é senão uma idéia que faço a meu respeito, uma idéia mais ou menos verdadeira ou aproximada da realidade que, contudo, não é a realidade.

Esse personagem ou idéia de mim eu fui criando pouco a pouco à medida que se ia formando a minha personalidade. E cheguei a acreditar que sou esse personagem. Esse personagem que defendi durante toda a minha vida e que sempre se sentiu ofendido quando foi atacado ou menosprezado. Contudo, eu não sou esse personagem ideal.

É por isso que quando atacam ou ofendem esse personagem não é a Mim que atacam ou ofendem. Porém, ao me acreditar ser esse personagem-idéia, essa entidade corpo-mente-afetividade = personalidade, se sentiu física, mental e afetivamente ofendida.

Se, diante de uma ofensa, eu me desse conta de que ofendem essa entidade que não sou eu, eu continuaria imperturbável diante de qualquer palavra ou ação ofensiva, visto que eu saberia que essa ofensa não afeta o meu "EU".

Ao mesmo tempo que considero a mim mesmo como uma idéia, também considero os demais como idéias semelhantes. E é aí que tem suas raízes a eterna rivalidade humana, a eterna e constante luta de personalidades. A vida então se converte numa batalha de fantasmas.

Nossa época se caracteriza por uma preocupação obsessiva em conseguir e manter uma boa imagem.

Os políticos, os artistas, as personagens mais ou menos públicas e até as pessoas desconhecidas se esmeram e gastam rios de dinheiro para terem uma boa imagem.

Com uma observação apenas superficial já nos damos conta de que essa atitude obsessiva é o reflexo mais evidente da superficialidade em que nos movemos. E o grave é que a maioria das pessoas chegou a aceitá-la como um elemento válido e indispensável da vida moderna.

Eu não sou nenhuma idéia, nem nenhuma imagem. Nada disso. Eu sou muito mais que tudo isso.

Um pouco mais sutil e, aparentemente mais elevada, porém muito próxima à atitude anterior é a posição e a teoria de certos escritores, psicólogos e orientadores, alguns dos quais de grande prestígio, que ensinam e insistem na necessidade de ter-se uma boa imagem de si mesmo.

Dizem que temos de causar boa impressão, e que para ter uma boa imagem para mostrar temos de ter uma boa impressão de nós mesmos.

Dizem que uma boa imagem é necessária para o êxito.

Dizem que as pessoas deprimidas e fracassadas são assim porque têm uma imagem má de si mesmas.

Dizem que a boa saúde mental se baseia e consiste em ter e manter uma boa imagem de si mesmo.

Dizem... dizem... dizem...

E como tudo isso é dito por pessoas muito importantes na sociedade, às vezes detentoras de muitos títulos e diplomas... Além disso, aos olhos de nosso preguiçoso, superficial e vaidoso ego é muito atraente chegarmos a crer em tudo isso; até mesmo chegamos a pensar que esse é o remédio para os nossos males.

Todos sabemos que, como fruto da imaginação, as imagens são volúveis, instáveis e cambiantes.

Por outro lado, quando alguém tem uma impressão pior e inferior de nós mesmos do que a nossa própria opinião a nosso respeito, nos sentimos tristes, deprimidos. Às vezes também ficamos ofendidos. Não percebemos que o normal é que a imagem que os demais têm de nós não coincida com a nossa.

Para resolver, eliminar e superar essa tristeza e essa depressão, os psicólogos, conselheiros e orientadores insistem na necessidade de melhorar e fortalecer nossa auto-imagem para anular, compensar e se opor à imagem que os demais têm de nós.

E assim passamos a vida lutando para defender fantasmas imaginários e irreais.

Perdemos energia e tempo defendendo como real o que é apenas fruto da imaginação, por muito que nos custe admitir isto. Prova evidente de que nos custa crer que isto é assim, é o fato de que muitos dos que vierem a ler estas linhas repudiarão seu conteúdo ou o considerarão exagerado ou fantástico; apesar disso, sei que alguns leitores consideram tudo isto tão evidente quanto o é para mim.

Os resultados deste trabalho para ter uma boa imagem de nós mesmos e transmiti-la aos outros são tão efêmeros e superficiais como a mentalidade que o sustenta e fundamenta.

No entanto, parece que esse é um sinal do nosso tempo: a superficialidade. E o pior é que essa também é a mentalidade que domina no círculo dos que se dedicam às ciências humanas como a psicologia, a sociologia, a política, etc.

Cada um de nós é uma Realidade.

Nós vamos formando idéias e imagens sobre essa realidade, fundamentadas em alguns modelos que nos dão a sociedade ou nossos pais e educadores. Percebemos que quanto mais nos parecemos com esses modelos melhor somos aceitos, apreciados e queridos pelos que nos rodeiam e pela sociedade. Implicitamente, de alguma maneira a sociedade e nossos próprios educadores estão condicionando seu apreço e seu amor por nós à nossa docilidade em aceitar esses modelos de comportamento que nos propõem. Por um lado, temos a imagem do que acreditamos ser, ou de como acreditamos ser. E, por outro, formamos a imagem ideal de como queremos chegar a ser.

Então todo o esforço de nossa educação consiste somente em ir aproximando a imagem que temos de nós mesmos da imagem ideal que desejamos vir a ser ou ter.

Como se pode ver, passamos a vida tratando de deixar um fantasma imaginário com o qual nos identificamos, para nos identificar com um outro mais difícil e, às vezes, inacessível.

Neste ponto da tragicomédia da nossa vida têm origem muitas das depressões, tristezas e frustrações humanas. Por um lado, vemos a imagem que temos de nós mesmos, que com muita freqüência é muito deficiente, pobre e pequena, embora nos esforcemos por dissimulá-la. E, por outro lado, desejamos, ansiamos e nos debatemos numa luta sem tréguas para alcançar essa imagem ideal à qual aspiramos, para sermos aceitos, apreciados, admirados e queridos pela sociedade.

O grave nesta comédia é o fato de a imagem ideal que nos propomos conseguir não ser precisamente uma imagem baseada na nossa realidade, porém numa idéia, num modelo idealizado pelos nossos educadores ou pela sociedade. Ao tentar, portanto, nos aproximar dessa imagem ideal, não vamos nos aproximar do nosso verdadeiro ser, da nossa verdadeira realidade, porém de uma idéia, de um modelo que os nossos educadores ou a própria sociedade pensaram, imaginando que pudesse ou devesse ser bom. E sempre o que parece ser bom para a sociedade é tudo aquilo que se acomoda aos seus interesses e conveniências.

A sociedade ou nossos educadores nos dizem implicitamente que seremos bem-aceitos no nosso meio, que seremos apreciados e queridos, triunfando entre todos quanto melhor nos submetermos ao nosso modelo proposto por eles.

Conseqüentemente, como por um lado todo ser humano, em maior ou menor medida, precisa da ajuda dos pais, dos educadores, e da sociedade e, por outro lado, sente a necessidade de ser querido, amado e aceito, chega a vender o seu direito de primogenitura por um prato de lentilhas, como o personagem bíblico. Ou seja, chega a abandonar e deixar de viver a sua própria natureza, a sua verdadeira realidade, para viver segundo um padrão do modelo que lhe propõem para conquistar o apreço da sociedade.

Dessa maneira estamos defendendo dia após dia um fantasma idealizado, imaginando, enquanto nossa realidade, nosso verdadeiro ser real, muito superior a todas as imagens que podemos ter de nós mesmos, fica desconhecido, esquecido e abandonado no fundo de nós mesmos, esperando — como a harpa de Bécquer — que uma mão lhe tire os sons musicais que contém e que uma voz a desperte para a vida.

Esse é o processo que no desenvolvimento interior do ser humano recebeu o nome de *O Despertar*: despertar do sonho das imagens ilusórias para a verdadeira realidade.

Quando alguém percebe que não é o corpo através do qual vive, quando percebe que não é nada daquilo que os demais pensam ou dizem, nem inclusive aquilo que pensa de si mesmo, nem os seus projetos, ou os seus desejos, os seus temores, os seus sentimentos, os seus conhecimentos, as suas habilidades, o seu renome e prestígio, nem nada que se possa imaginar, então perceberá que estamos sempre na pendência de manter ou de proteger qualquer dessas coisas que não somos; estamos perseguindo fantasmas ou dando chicotadas no vento.

Eu não sou isso que creio ser e pelo qual a cada dia anseio mais, defendendo-o como se fosse autenticamente "eu".

Acho que estou trabalhando em meu favor, mas estou trabalhando para fantasmas que aparecem e desaparecem a cada momento, como por encanto.

EU SOU. Simplesmente. Essa oração verbal não tem predicado. Eu Sou. Se for o caso, para torná-la mais inteligível, mesmo às custas de perder em exatidão, podemos dizer: Eu sou uma realidade luminosa, consciente e amorosa. Sou essa realidade única, sem princípio nem fim.

Tudo o mais que os outros, talvez eu mesmo, dizem de mim como sendo o meu corpo, os meus desejos, os meus pensamentos, os meus sentimentos... tudo isso não sou eu. Tudo isso com que me afirmo para mim mesmo ou diante dos demais, como se fosse eu, isso não sou eu.

Eu sou o que sou. O que digo ou penso que sou, não passa de pensamentos ou palavras. O que sou, em troca, é Realidade. Cada um É o que É, embora não esteja consciente do que é, embora não o viva, não o creia, ainda mesmo que em sua vida não haja uma conseqüência lógica entre o que é e o que vive, faz ou realiza.

Para que alguém realize na vida o que de fato É, deve conhecê-lo, senti-lo e vivenciá-lo... Esse é o nosso trabalho. Essa é a missão do homem neste planeta. Tudo o mais é ficção.

Só existe o Ser, infinito, inesgotável. Esse Ser se expressa em mim através da minha personalidade, como se expressa através das infinitas formas dos infinitos seres do Universo.

EU SOU. Que mais posso pensar, desejar ou ser?

O mais importante

Em certa ocasião, quando eu estava falando sobre a necessidade de tomar consciência do próprio "eu", alguém se queixou: "Para que ocupar-se tanto com o eu, o eu, o eu... O que importa é resolver os nosso problemas de cada dia."

Talvez este seja também o pensamento de algum dos meus leitores. Não percebemos que a origem da maior parte de nossos problemas, ou, para ser mais exato, embora pareça exagerado, de todos os nossos problemas, reside na ignorância, no desconhecimento de quem é o sujeito dos problemas, de quem é que sofre os problemas, de quem é que tem os problemas.

Se eu não conhecer o sujeito responsável pelos meus problemas, como poderei livrar-me deles?

É óbvio que quase ninguém reconhece que a própria pessoa é o responsável pelos seus problemas, e tratamos sempre de pôr a culpa nos outros. Porém, definitivamente, se os problemas são meus, pouco ou muito tenho a ver com eles. Porque vemos que as mesmas ações, as mesmas situações, as mesmas coisas são problemas para uns, e para outros não.

Porém o pior não é o fato de não conhecermos o nosso "eu", o sujeito de nossos problemas, mas sim termos um conceito de nós mesmos que, já de início, está totalmente errado.

Costumamos pensar em nós mesmos como algo que está aqui no mundo à mercê de tudo o que nos rodeia, rodeados por pessoas e coisas, por acontecimentos e situações, como uma folha agitada pelos ventos. E, de algum modo, foi isto que nos ensinaram. E é assim que se sente e se comporta a maioria das pessoas.

Mas não. Não somos isso.

Todo o valor ou importância que damos às coisas e pessoas está no nosso "eu". As coisas, os acontecimentos... têm valor na medida em que o nosso "eu" lhes dá esse valor. De que valeria um milhão de dólares sem ninguém que lhe desse valor?

Todo valor que damos às coisas, todas as opiniões que temos sobre os acontecimentos, tudo o que vemos, ouvimos, apalpamos, sentimos, pensamos só é algo na medida em que é produto direto ou indireto do nosso "eu". Sem esse "eu" nada disso aconteceria.

Quando tivermos certeza sobre a natureza do nosso eu e percebermos que ele é a fonte de toda a nossa vida, de todos os nossos sentimentos, de todos os nossos pensamentos, de todos os nossos valores... de toda a nossa vida, então trataremos de realizá-lo. Realizá-lo significa desenvolver e viver seu real sentido, desenvolver a energia, a inteligência e o amor que é o nosso "eu" central.

Somente ao desenvolvê-lo e realizá-lo é que todos esses problemas que queremos resolver terão sentido ou nem sequer chegarão a existir. Isso porque todos os nossos problemas são conseqüência e efeito do "eu" falso, do ego que usurpou o lugar do verdadeiro "eu".

À medida que formos mantendo contato, nem que seja momentânea e fugazmente, com nosso "eu" real, perceberemos que nossos problemas vão perdendo sua dramaticidade e se dissolvendo. Quando acordamos, os pesadelos desaparecem. Com a luz do sol desaparece a escuridão da noite. Todos os temores, angústias, inquietações... que são um efeito de um eu inferior fraco, mesquinho, míope, ignorante, desaparecerão quando formos controlados e orientados pelo nosso luminoso e sábio "eu" real verdadeiro.

A coisa mais difícil para a maioria das pessoas é convencer-se de que toda vida fundamentada num eu fictício é um autêntico sonho com pesadelos, com todas as suas conseqüências. Porém como sempre pensamos e acreditamos no contrário, achamos muito árduo e difícil aceitar a falsidade e a ilusão da vida sob orientação do fictício "eu" inferior. Esse "eu" inferior não é senão uma estrutura mental, um pequeno conteúdo de consciência, e é ele que valoriza e julga as coisas e os acontecimentos com sua visão ruim, raquítica, interesseira, distorcida e superficial. Então as formigas se convertem em elefantes e os grãos de areia se transformam em montanhas.

Quando há muitas pessoas em situação de tristeza e angústia, fica-se com vontade de ajudá-las com seus problemas. No entanto, infelizmente, o remédio para seus problemas não pode ter efeito imediato e instantâneo como o da aspirina para a dor de cabeça. Requer-se uma transformação de toda a sua estrutura pessoal. Para tanto, é preciso ver o erro de viver num nível muito elementar e baixo de consciência. Enquanto não se elevar o nível de consciência, os problemas podem ser atenuados com os panos quentes de algumas palavras ou idéias que consigam momentaneamente aquietar o estado mental. Contudo, a verdadeira solução está apenas em ter a absoluta segurança de que aquilo que se É supera todas as idéias que se possa ter sobre qualquer coisa ou acontecimento.

Sentir o que se É não é coisa que se consiga num dia; é trabalho para muitos dias, meses e anos, tomando consciência a todo momento, em cada instante do dia, em qualquer atividade que se esteja realizando. Porque em qualquer momento ou durante qualquer atividade a pessoa sempre É O QUE É. Se começarmos hoje esse trabalho, algum dia conseguiremos. Mas aquele que não sai do ponto de partida nunca atingirá a meta.

A realização na vida diária

Um amigo me dizia: "Você diz que temos de nos dedicar a nos encontrar e a viver a partir da realidade interior e todas essas coisas que costuma mencionar. No entanto, se eu não fizer o meu trabalho e cuidar das minhas coisas, quem sustentará a minha família?"

Respondi-lhe que estava estranhando seu modo de falar, visto que ele se orgulhava de ser, pelo menos teoricamente, um católico fervoroso e praticante. Lembrei-lhe que o Mestre Jesus disse muito claramente que buscássemos o reino de Deus (dentro de nós) e que tudo o mais nos seria dado por acréscimo... Esse é um dos ensinamentos básicos em que deixamos de acreditar.

Continuei falando com ele, afirmando que não existe nenhuma oposição ou incompatibilidade entre o seu trabalho diário e este outro trabalho de investigação do que se é no fundo de si mesmo, como costumo sugerir.

Mas não é só isso. Quanto mais você desenvolver sua realidade interior, tanto melhor e mais conscientemente fará o seu trabalho diário. Forma-se uma espécie de círculo vicioso. Enquanto você viver com essa mentalidade de que tem de fazer tudo, não entenderá muito bem que, ao viver em outro nível e com outra perspectiva, as coisas irão acontecendo e que aquilo que você considerava tão urgente e necessário não o é tanto assim.

Quando alguém considera a realização pessoal como o trabalho mais importante da vida, a Vida, Deus, fazem com que as coisas se realizem da maneira mais adequada, se tivermos plena e verdadeira confiança em Deus e na Vida.

Geralmente costuma-se seguir a política do macaco. Por um lado, as pessoas dizem que confiam em Deus; no entanto, não se lançam em suas mãos, e continuam se agarrando em outro galho, confiando mais no seu trabalho do que nas mãos de Deus.

Para realizar-se não é preciso abandonar o próprio trabalho nem outra coisa qualquer. A única coisa que se deve deixar é a dependência em relação ao trabalho e o apego às coisas.

Quando alguém começa a entender o que é a sua própria realidade e vive a partir dela, o trabalho exterior e as demais atividades cotidianas continuam sendo feitos, porém sem apego individual, sem inquietação, sem confusão, sem alterações distorcidas da mente, do "eu" inferior que apenas confia em seu enervante poder de atuação.

É preciso mudar de perspectiva. A miopia do "eu" inferior impede de ver e compreender que as coisas são diferentes quando se vive a partir do plano do "eu" central.

Acontece uma situação paradoxal. Enquanto a maioria das pessoas diz que deseja realizar-se, são muito poucas as que se decidem a viver a sua realidade, o seu "eu" central.

A maioria das pessoas vive a partir desse "eu" inferior que é uma simples estrutura mental, sem nenhuma realidade, porém à qual se deu erroneamente solidez como se essa fosse a sua realidade.

Realizar-se é ativar ou pôr em ação a potencialidade que somos no âmago de nós mesmos. É tornar realidade atual o que é realidade potencial. Na verdade, tudo quanto fazemos, tudo quanto sentimos e conhecemos já é efeito dessa realidade que somos. Contudo, temos de tomar consciência disso e impedir que a mente interfira na criação dessa estrutura mental que é o "eu" inferior que distorce, rebaixa e vilipendia as nossas ações e o nosso ser.

Com freqüência ouvimos as pessoas dizerem que se sentem realizadas. E é lógico que sintam e que digam isso. Ao acreditar que são o seu "eu" inferior, o eu de sua personalidade, acreditam erroneamente que estão cumprindo e realizando o objetivo de sua vida, quando ele se sente gratificado e satisfeito em todos os seus desejos. Elas sentem a satisfação em seu eu inferior de terem fama, êxito, aquele *status* social que tanto haviam desejado, certos confortos... Porém, mais cedo ou mais tarde, a verdade se impõe e chega o vazio de sua falsa realização, a insatisfação do âmago do ser e a depressão. Tudo aquilo que haviam conseguido é instável e impermanente, e está exposto aos vaivéns da mente e dos acontecimentos flutuantes.

Não adianta argumentar: Bem, enquanto aproveitam e têm o que desejavam, sentem-se realizados.

Não nos iludamos e chamemos as coisas pelo seu verdadeiro nome. A instabilidade e a precariedade da satisfação do "eu" inferior é tão grande que os momentos de insatisfação, depressão e desilusão são muito maiores do que os de alegria. Porém, acima de tudo, a pior das desgraças é viver alheio da verdade de si mesmo. E a ânsia pela verdade será um ferrão que não permitirá ao coração viver em paz.

Apenas a verdadeira realização, o viver a verdade de nós mesmos pode nos proporcionar paz e felicidade duráveis e consistentes.

A pessoa humana — cada um de nós — não tem outro objetivo final na vida senão o da realização.

O início da realização consiste em aprender a ver e a discernir o real do ilusório.

A tarefa mais importante da vida de cada um é instalar-se no real de si mesmo e entrar em contato com o Real Absoluto.

É muito comum pensar e acreditar que para realizar e viver internamente nossa realidade profunda é necessário retirar-se para a solidão dos mosteiros ou, no mínimo, alhear-se dos afazeres e atribuições da vida diária. Isso não acontece assim.

A realização é possível para todos, em todas as circunstâncias da vida.

É verdade que certos ambientes favorecem o trabalho interior. Mas também é certo que existiram e existem na nossa época pessoas que se realizaram interiormente sem abandonar o trabalho do dia-a-dia.

Para que um barco não afunde não deixamos de colocá-lo na água, porém fazemos com que não seja inundado pelo mar quando lá o colocarmos. Podemos estar entre as coisas sem que estas nos absorvam.

Não é fácil, principalmente nestes tempos modernos em que há tanta balbúrdia por toda parte, conseguir obter o silêncio interior em meio ao cansaço da vida diária. No entanto, quando alguém supera essas dificuldades e dá um passo à frente, esse passo é tão eficaz quanto muitos passos dados sem ter de vencer tantos obstáculos.

Cada um, segundo o grau da sua aspiração e exigência interior, deve ver como e quando consegue esses momentos de silêncio interior, tão necessários para viver a partir do centro de si mesmo.

O amor

O amor é Vida.
O amor é união e integração.
O amor humano é o sentimento de unidade com outro ser.
O des-amor é separação e desintegração.
O des-amor é destruição e morte.
Toda ação e todo sentimento que não forem controlados, dirigidos e impregnados de amor, separam, destroem e matam.
Quem ama se sente uno, unido com o ser amado.
No que ama não existe o meu e o teu.

O que ama não busca nada no outro.

O que ama somente sente e deseja ser uno no outro.

O que ama, ama antes de tudo O Amor.

O que ama O Amor ama a unidade.

No que ama a unidade não existem "outros"; ele se sente nos "outros" e sente os "outros" nele.

Todo amor pelo "outro" que exclua os "outros" está sujeito à dissolução e à morte, por ser um amor que exclui e que, portanto, é deficiente.

O amor ardente, apaixonado, é amor de desejo.

O amor de desejo não é amor de unidade, mas de possessividade.

O amor de desejo existirá enquanto "o outro" for objeto útil para a satisfação própria. Quando acabar a satisfação do desejo surgirá o ressentimento, o esquecimento, o desamor e até mesmo o ódio.

Somente o amor ao Amor, ao sentimento de unidade total e universal, é um amor que nunca falha.

Amar o Amor é amar tudo quanto existe, é amar o Ser, Deus.

Este amor ao Amor é a base do amor ao parceiro, ao amigo, à natureza, aos familiares, às coisas... a tudo.

Quando o amor a alguém não é baseado e não está incluído no AMOR total, aparecerão as sombras negras, as nuvens cinzentas e as tempestades destruidoras, provocadas pela egolatria do ego exclusivista e ruim.

O amor verdadeiro, criativo, generoso, integrador, luminoso, surge e brota natural e espontaneamente em nós quando chegamos a ter uma consciência clara de nós mesmos, do que somos no âmago do nosso ser.

Enquanto não tivermos uma consciência clara e enquanto não tivermos tido a experiência do que somos, temos de recorrer constantemente aos conselhos e preceitos que nos deram para que nos amemos, ou para a conveniência ou necessidade que temos de nos amar. Não devemos amar porque nos mandaram fazer isso, porém porque nos mandaram amar porque essa é a nossa missão para cumprir a nossa natureza, e porque nesse cumprimento e nessa realização da nossa natureza encontramos a paz e a felicidade.

Não devemos amar porque nos mandaram, mas porque nos mandaram visto que isso é o melhor para nós.

O amor não pode ser imposto. O amor é um sentimento que deve brotar natural e espontaneamente quando temos um conhecimento elementar do que somos, do que são os demais e do que é o Universo e o próprio Deus.

Quando temos uma consciência clara do nosso Ser, o natural é amar. Então não podemos deixar de amar.

A ignorância sobre nós mesmos é a única causa do desamor.

Quando nos vemos e vemos o mundo com uma visão interior, percebemos que não podemos senão amar porque tudo é amorável, todos são dignos do nosso amor e nos sentimos unidos e solidários com o Todo.

No entanto quando, ao contrário, nos vemos e vemos os demais com a visão raquítica e má de nosso "eu" inferior, com a nossa mente distorcida que vê inimigos e rivais por toda parte, então nos sentimos ameaçados e ofendidos por infinitas coisas e em constantes e numerosas ocasiões.

Enquanto vivermos controlados pelo nosso "eu" inferior será impossível sentir a felicidade de amar e de ser amado.

Tudo o que é Vida é resultado do amor.

O amor é tanto mais autêntico e verdadeiro quanto mais expansivo e universal for.

Quanto mais limitado e reduzido for o objetivo do nosso amor, menor e mais míope será a nossa consciência.

Na medida em que a nossa consciência se expandir, se ampliar e se aprofundar, também o objetivo e o campo do nosso amor se ampliarão e crescerão na mesma proporção, tornando-se mais autênticos e verdadeiros.

Quanto mais profunda e clara for a minha consciência no que se refere ao conhecimento de mim mesmo e do mundo que me rodeia, maior será o meu sentimento de amor e de unidade.

Todo ser vivo se mantém com vida enquanto houver unidade, compenetração e integração entre suas partes.

A morte, ao contrário, sobrevém quando suas partes começam a se desintegrar.

O amor é a vida; o desamor é a morte.

Quando no sentimos mais unidos, mais integrados com todos e com o todo, temos mais amor e mais vida.

Quando nos isolamos e nos separamos (não física, mas afetiva e tendencialmente) dos demais, menos vida temos, mais desintegrados estamos da Unidade, da Vida, de Deus.

Não é a companhia, a proximidade, a união física que constitui a integração e o amor entre as pessoas. É o sentimento profundo, sincero, que brota da compreensão do que eu sou e do que o outro é, o que constitui e molda o amor.

Uma pedra continua sendo pedra enquanto a tendência e a união de suas moléculas e átomos for suficientemente forte para mantê-los integrados e unidos uns aos outros.

Ninguém pode separar dois ou vários seres que se amam se o seu sentimento e desejo de unidade for suficientemente forte e profundo. Na mesma medida em que esse sentimento estiver mais profundamente arraigado, mais durará a integração e a unidade entre eles.

Unidade, integração, vida, Amor... tudo é o mesmo.

Divisão, desintegração, desamor e morte... é o mesmo.

Eu sou consciência

Todos os seres humanos dizem ou podem dizer: eu sou eu.

Esta frase e esta verdade parecem axiomáticas e indubitáveis.

Contudo, se formos um pouco exigentes, veremos logo que o que parece tão óbvio não o é tanto assim.

"Eu sou eu" é uma verdade para todos.

Porém são poucos os que percebem o que isso significa. São poucos os que sabem qual é a natureza do "eu", no que consiste o "eu".

E se uma pessoa não sabe que é algo, como pode dizer que é esse algo cuja natureza ela desconhece?

Se perguntarmos a uma pessoa quem ela é ou o que ela é, provavelmente ela nos responderá em uma palavra dizendo o seu nome. Ela nos dirá por certo, mostrando o seu corpo, que ele ou ela é essa pessoa que ali está.

É evidente que eu não sou o meu nome nem o meu corpo. Podem mudar o meu nome e podem amputar ou reimplantar partes do meu corpo que eu continuo sendo o mesmo.

Tampouco sou os meus pensamentos. Minhas idéias e pensamentos se modificam a cada passo. E eu continuo sendo o mesmo eu, ainda que minhas idéias sejam totalmente contrárias e opostas às anteriores.

O mesmo acontece com os meus afetos, os meus sentimentos, os meus gostos, os meus *hobbies*, as minhas habilidades...

Falamos do "meu" corpo, "minhas" idéias, dos "meus" sentimentos, dos "meus" gostos... O pronome possessivo "meu" está apontando um possuidor. Esse dono, esse possuidor, sou "eu".

Esse "eu" não só é o dono ou o possuidor como também é ele que percebe que é o dono.

Esse "eu" percebe, antes de mais nada, que é ele quem conhece, que é consciente de algumas coisa.

Esse "eu" tem consciência de que está conhecendo a si mesmo. Porém o "si mesmo", ele, não é objeto de seu próprio conhecimento. Quando conheço meu corpo, meus pensamentos, meus gostos, etc..., nesse caso considero tudo isso objeto do meu conhecimento, visto que todas essas coisas não são meu "eu". Eu não sou essas coisas. Quando, ao contrário, trato de conhecer o que sou realmente, meu "eu" não é objeto porém somente o sujeito. O "eu" percebe que ele é o sujeito. O "eu" toma consciência de que ele é consciência, de que é luz.

Tudo e unicamente o que cai sob o foco da minha consciência existe para mim. O mundo existe para mim enquanto está na minha consciência.

Quando conhecemos algo, todas as qualidades que lhe atribuímos já então na nossa consciência.

Tudo o que pensamos e imaginamos já está em nossa consciência. O que está fora é somente um estímulo. Porém, a imagem ou a idéia já está na consciência.

Tudo o que percebo e atribuo ao mundo exterior está na minha consciência.

A beleza das flores é beleza na consciência.

Se víssemos isto com clareza, não acharíamos exagerada ou absurda a afirmação dos mestres místicos orientais: "O mundo está em ti."

O mundo está em nós. Não somos nós que estamos no mundo. Unicamente as nossas formas de expressão fazem parte desse mundo que está em nossa consciência.

Se tudo está em nossa consciência, também os problemas que nos atormentam estão em nossa consciência. E é aí que têm seu remédio.

Algumas pessoas podem achar um pouco estranho o que estamos dizendo. Estamos acostumados a achar que sempre carregamos o fardo do mundo. Mas não é assim. Basta que nos fixemos com toda atenção e observemos o que ocorre em nossa consciência.

Embora custe ver o que dizemos, é muito importante comprovar que todas aquelas pessoas, até certo ponto realizadas, cuja visão do seu "eu" central e do mundo é muito mais profunda que a do resto das pessoas comuns, estão isentas dos problemas que costumam atormentar a maioria das pessoas.

Os mesmos feitos e situações que para a maioria se convertem em problemas difíceis e angustiantes, são vividos por elas não a partir da complexidade da mente, porém a partir da simplicidade de sua consciência.

Tudo, desde o mais material até o mais espiritual, tudo em que possamos pensar, que possamos conhecer ou desejar, tudo está no "eu" como fenômeno de consciência.

Realizar-se é conectar-se a esse "eu" central que é a única realidade dentro da nossa vida.

Esse "Eu" superior é a Consciência Pura (Deus) individualizada em nós, no que chamamos nosso "eu".

Tudo é consciência. Nós somos consciência.

Em toda ação de ver, sentir, perceber... há três partes ou aspectos para levar em conta: o objeto sentido, visto ou percebido, o plano médio da consciência ou o estado de ânimo na ação ou percepção, e o sujeito que sente ou percebe.

Normalmente, vivemos dependentes e concentrados exclusivamente nos objetos sentidos ou percebidos. Costumamos depender quase sempre do que existe fora de nós.

Outras vezes dependemos do estado de ânimo que as sensações ou percepções nos provocam. Porém, mesmo nesses casos costumamos depositar nossa atenção nos estímulos e objetos que produziram esses estados de ânimo. Costumamos ficar tão absortos em nossos estados de ânimo e nos objetos que os provocaram, que até parece que não existe nada mais.

Portanto, existe em nossa vida um predomínio habitual de nossa atenção sobre os objetos e tudo o que é exterior, o que provoca certos estados de ânimo, tanto os agradáveis como os desagradáveis.

E, por fim, muito poucas vezes nos concentramos e colocamos nossa atenção no sujeito, no eixo em torno do qual giram nossas percepções e nossa consciência.

Diríamos que damos menos atenção e importância ao ator principal, ao protagonista que aos atores secundários.

Não pode haver percepção sem sujeito.

Não pode haver ato de consciência sem consciência.

Não pode haver arroz com leite se não houver arroz.

A incongruência da nossa vida está no fato de que não giramos em torno do eixo da própria vida, porém apenas dependemos, quase que exclusivamente de tudo o que é exterior a nós mesmos.

Para sermos medianamente lógicos e prudentes, teríamos de estar muito conscientes do que acontece conosco.

Deveríamos ser permanentemente a testemunha observadora de tudo quanto acontece em nós e fora de nós.

Eu sou consciência quando sou testemunha consciente e observadora de minhas percepções e de meus estados de ânimo.

O importante não são os estados de ânimo, mas o sujeito, a testemunha e o observador desses estados e de tudo o que acontece nele e fora dele. Ter essa consciência permanente é ser consciente de si mesmo. Quando somos conscientes de nós mesmos somos o que somos, vivemos o que somos. Então somos consciência. Os estados de ânimo em si mesmos não têm importância. Quem tem importância de fato é o sujeito desses estados de ânimo, o que sente o estado de ânimo, o que percebe o estado de ânimo, a testemunha, o observador, aquele que sente.

O observador, o sujeito, percebe que ele está à parte das coisas que provocam certos estados de ânimo. Porém, ele percebe que os estados de ânimo são provocados por um erro de visão, por um erro básico, ou seja, essas coisas exteriores só afetam algo que não sou eu. Enquanto eu me identificar ou erroneamente acreditar que sou esse falso eu, eu me sentirei afetado. Quando eu estiver consciente do que sou, um sujeito independente, superior a todos os objetos, deixarei de ser afetado por qualquer objeto que seja.

Eu sou o sujeito consciente, a consciência que observa, que vê, que percebe tudo quanto ocorre em mim e fora de mim.

Vivemos a realidade?

Ouvir repreensões como esta é freqüente: "Você não vive com os pés na terra, vive com a cabeça nas nuvens, você não está no mundo real..."

Normalmente, costuma-se fazer essa censura àquelas pessoas idealistas, cheias de imaginação, que sonham com um mundo diferente do que o que existe e que vivem alheias à dura experiência dos fatos do dia-a-dia.

Os que falam assim se vangloriam dizendo que se baseiam na experiência real. Em outras palavras, quer dizer que pensar em outra espécie de mundo é para eles algo irreal.

Nas ciências, aceita-se algo como verdadeiro quando é comprovado através de um método científico, ou seja, quando uma verdade é corroborada repetidamente por experiências feitas segundo certas normas rigorosas de experimentação.

Pois muito bem: de que classe ou categoria são essas experiências?

Tanto as ciências como a vida comum costumam valorizar apenas a experiência do que é comprovável através dos sentidos externos da visão, do tato... ou de instrumentos muito sensíveis que tornem "visível" algum sinal perceptível para os sentidos externos.

Assim sendo, o resultado é que tanto nas ciências como no uso comum vulgar diário, considera-se verdadeiramente real aquilo que pode ser experimentado ou percebido pelos sentidos. O mais é o que se denomina ideal, meramente subjetivo, imaginado....

Portanto, todos os fatos ou fenômenos internos não comprováveis pelos sentidos externos não têm realidade ou são considerados algo proibido.

No entanto, acontece que se medem pelo mesmo critério ou, o que é o mesmo, se valorizam por igual tanto os fenômenos mentais, imaginários, ideais... como os fenômenos e experiências internas e profundas, as que podemos chamar de experiências místicas, porém entendidas no sentido mais exato e mais amplo, e não num sentido vulgar, inexato e nem tampouco exclusivamente religioso.

Essas experiências profundas e íntimas do Ser por certo são de natureza muito diferente das experiências científicas e perceptíveis aos sentidos.

Assim, portanto, podemos apontar três classes de experiências: as que se baseiam nos sentidos externos, e se comprovam através deles; as mentais, consideradas como subjetivas e próprias dos sentidos internos; e as experiências místicas, as mais íntimas, nas quais não há intervenção dos sentidos, nem sequer dos internos. Trata-se de vivências do "eu" central, da consciência profunda. Aí não há sentidos nem mente. Na experiência mística, o "Eu" central vive e experimenta a plenitude do Ser, de Deus, sem os mecanismos sensoriais ou mentais. Nessas experiências não há provas externas diretas. Frente a elas cabem diversas atitudes: desde a total negação até o desejo de vivência e experimentação.

As experiências místicas não acontecem para uma classe concreta de pessoas, nem acontecem dentro de determinada religião. Mais ainda, no Oriente existiram e continuam existindo numerosos místicos que não pertencem a nenhuma religião. Nem mesmo ao budismo. Essas pessoas chegaram a viver a Unidade com o Ser Absoluto, com Deus, sem qualquer referência a conceitos religiosos, ritos ou cultos, porém apenas pela compreensão do Ser em si mesmas.

Qualquer pessoa que, com um sadio sentido objetivo, veja e observe a vida e a sabedoria desses místicos, além de toda ciência e filosofia, compreenderá que toda essa profundidade de saber e essa serenidade e paz inalteráveis não são fruto de algo sensível ou limitado.

E não é somente no Oriente que acontecem as experiências místicas. Às vezes pode parecer que esses fatos extraordinários têm de acontecer longe de nós. E não é verdade. Entre nós, em todos os países, existem essas pessoas, que podem pertencer ou não a uma religião. As religiões não são o único caminho para a experiência mística.

A única condição para essas experiências é uma abertura ou disponibilidade interior da pessoa para que ISSO, O Ser, Deus, se faça presente. O modo e as circunstâncias em que isso ocorre é algo muito diferente. Trata-se de um assunto a ser discutido em outra ocasião.

Tanto para os cientistas como para as pessoas comuns, que costumam orientar-se apenas pelos sentidos e pelo mundo sensorial, todas essas vivências e experiências místicas, todo esse mundo da consciência (não da mente) é algo distante, incompreensível e irreal.

É curioso observar que certas pessoas, aparentemente muito religiosas e crentes, admitem "teoricamente", como uma crença a mais, essas experiências de certos santos. Contudo, trata-se de uma crença diluída. Tem-se, inclusive, a impressão de que elas "acreditam" para ficarem satisfeitas com a "sua fé", para tranqüilizarem sua consciência. No fundo e na prática, porém, sua atitude é de incredulidade.

Portanto, é um fato que, para a maioria das pessoas que se orienta pelos sentidos e pela lógica racional do que é sensível e perceptível, todo o conjunto de experiências internas da consciência é irreal. Para elas somente tem realidade o que se pode tocar, o que se vê, o que se experimenta através dos sentidos externos.

Para os místicos, ao contrário, e para os mestres da vida interior, tanto orientais como ocidentais, para todos aqueles que experimentaram e viveram o que é o Ser, a Realidade Única, Deus, tudo o que não seja essa Realidade, é puramente ilusório e irreal.

Tudo aquilo que existe, porém, é mutável, transitório, impermanente, não tem verdadeira e autêntica realidade. Tudo o que vemos nesses seres é a expressão aparente do Real. O Real, de verdade, não é visível. São visíveis as formas com que ele se expressa e manifesta. Essas formas são o que vemos, o que se costuma considerar real. São infinitamente variadas. Abarcam todo o Universo visível.

Esse mundo sensível que é considerado pela maioria das pessoas como real, como o único real, para os místicos tem uma realidade muito relativa. É ilusório.

A razão pela qual o mundo sensível é ilusório se baseia em que tudo o que é material, o que é sensível, está a todo momento numa mudança constante. Sua existência é tão instável e impermanente que nunca podemos saber nada de seguro e certo a esse respeito.

Além do mais, todos os seres visíveis têm como base e fundamento de sua existência o Ser. Os filósofos o chamam também de essência. A formas das coisas visíveis não podem existir sem o Ser que as sustenta. Os teólogos falam da onipresença de Deus em todas as coisas. Os filósofos, da essência que sustenta todo ser existente.

À parte outras considerações, o certo é que o real tem de ter uma consistência fixa, permanente, há de ser sempre idêntico a si mesmo, coisa que não ocorre com as formas visíveis dos seres materiais.

Assim, pois, temos duas posições totalmente diferentes e opostas com respeito à Realidade, ao que é Real.

Por um lado, para os cientistas e também para o homem das ruas, unicamente é real o que é palpável, o que se comprova através da experiência sensível. Os demais, os fenômenos internos e, de um modo especial os fenômenos místicos, são irreais. Na melhor das hipóteses, são chamados de "subjetivos" como uma pura criação do sujeito.

Por outro lado, para o místico, para quem experimentou, viveu O Ser, ou Deus, no seu "Eu" central, ISSO, O Ser, Deus, é a ÚNICA Realidade. Trata-se do Ser que sempre foi, É e será sempre idêntico a Si mesmo. Tudo o mais, o mundo visível, não passa de formas infinitamente variadas d'O Ser, de Deus, se expressar. Essas formas não têm realidade em si mesmas. São meras aparências mutáveis da Verdadeira Realidade que, em Si mesma, não muda. Só muda a forma de manifestação.

No âmago de nós mesmos, SOMOS O Ser, somos ISSO, somos Deus, somos Unos com O Ser, Unos com Deus. E esse Ser se expressa e se manifesta em nós e através de nossas respectivas personalidades. O que é o real? O que é o irreal? Eis aí uma questão básica e fundamental da vida humana e que exige uma resposta.

Sem querer parecer pretensioso, essa é uma das perguntas mais importantes que podemos e devemos fazer a nós mesmos em nossa vida. Nossa valorização das coisas e nossa filosofia de vida vai depender da resposta que dermos a essa indagação.

Viver o Real como Real é viver na Verdade.

Viver o irreal como se fosse real é viver no erro, no engano, na falsidade. Não se trata de algo mais ou menos importante. É sumamente importante. O Mestre Jesus disse, referindo-se ao conhecimento da Verdade: "Uma só coisa é necessária."

No mundo, na vida diária, costuma-se dar mais importância a qualquer coisa que não o conhecimento da verdade, do Real.

Estamos tão acostumados a aceitar o sensível, o mutável, o transitório e a chamá-lo de o único real, que tudo o que não cai sob o domínio de nossos sentidos pode nos parecer muito bonito e belo, porém utópico e inalcançável.

Quando algumas pessoas lêem ou ouvem falar desse mundo maravilhoso e bonito da Verdadeira Realidade, esboçam um sorriso pensando: "Que ilusão! A verdadeira realidade é a de cada dia." Outros dizem: "Eu não sei se isso existe ou não. O que eu sei que existe é o que eu vejo, o que vivo a cada dia..."

Essa é uma atitude muito lógica e muito de acordo com o que temos aprendido, com o que nos ensinaram e com o que temos visto em nossos pais e educadores. Também vemos que é isso o que pensam as pessoas importantes do mundo da política; é nesse sentido que se fala e se escreve nos meios de comunicação e é isso que sentimos e captamos no ambiente em que vivemos todos os dias. Essa é a realidade, essa é a vida, pensamos.

Até em ambientes religiosos se pensa assim. Costuma-se dizer: "Para aproximar o homem de Deus ou Deus do homem temos de partir da realidade, da realidade cotidiana das pessoas com todas as suas misérias e dificuldades..."

Este é um fato. Segundo essas pessoas religiosas que têm uma intenção saudável de ajudar as pessoas, para instruí-las e aproximá-las de Deus, é preciso partir da realidade de cada dia.

Certamente devemos levar em conta as circunstâncias e as situações das pessoas para entender seus problemas. Porém, se partissem da Realidade, o fariam a partir de Deus, a única Realidade.

Convém deixar muito claro que, se quisermos resolver os problemas materiais e físicos, é certo que poderemos resolvê-los no seu próprio nível físico. Porém, se quisermos elevar a pessoa a um nível mais alto, jamais o conseguiremos a partir do mesmo nível baixo, porém apenas a partir de um nível mais elevado. E então sim, teremos que partir da Realidade, da Verdadeira Realidade, desde o único nível em que têm solução os problemas íntimos das pessoas, que é o do Ser, Deus.

Provavelmente, haverá pessoas que neste momento pensarão: "Para quem não têm o que comer, o real é poder comer." E isto está correto, embora se possa discutir. Porém, não me refiro a esses casos extremos. Estou me referindo às pessoas às quais provavelmente estas páginas são destinadas e que não estão entre esses casos extremos. Para quem vive o problema crucial de subsistência não se pode propor outra coisa a não ser resolver seu problema de sobrevivência.

Existe o erro freqüente de querer resolver os problemas alheios, quando nós mesmos estamos naufragando nos mesmos problemas que queremos resolver para os demais.

Os que pretendem melhorar o mundo fariam muito bem se melhorassem primeiro a si mesmos. E um princípio elementar de melhora é saber se estamos vivendo fundamentados na Verdade do Real ou na falsidade do ilusório, porque é aí que se origina principalmente a nossa filosofia de vida.

Não creio que exista na vida de qualquer pessoa nada mais importante do que amar a Verdade, do que viver a Verdade. Viver o permanente como permanente e o ilusório como ilusório. Viver cada coisa como ela verdadeiramente é.

O Real é verdadeiro em si mesmo. Quando se pensa e se verbaliza, nem as idéias nem as palavras são reais. A Realidade falada já não é A Realidade, porém a verbalização da Verdade. Por isso, O Real, Deus, não se transmite com palavras porém com vivências. As palavras só transmitem palavras e idéias.

A transformação do mundo das pessoas só se realizará na medida em que formos deixando o erro do ilusório e nos aproximemos da Verdade do Real.

A aspiração, ao menos teórica, da maioria das pessoas é realizar-se. E as pessoas estão no caminho de sua realização ou vão se realizando na medida em que vão vivendo mais a partir da Realidade, a partir da sua realidade, a partir da Verdade de si mesmas, do que é Real, permanente em si mesmas, e não a partir do ilusório, do mutável e impermanente, como são as suas idéias, os seus desejos e ambições, seus corpos, suas aspirações passageiras...

Como se vê, isso significa mudar de rumo durante quase toda a vida. Não se trata de eliminar nada. Só a ignorância e o erro. Não se trata de se aborrecer com nada. Não se trata de destruir nada. Não se trata de deixar de viver no mundo, porém de viver nele, mas a partir da Realidade. Então se vê que todas as formas variadas e mutáveis do mundo se inter-relacionam entre si. Então veremos que a Única Realidade infinita é a base de todas as formas e está sustentando todas elas. Então aprendemos a viver A Realidade como realidade, e as formas mutáveis como simples formas. Trata-se de dar a César o que é de César e a Deus o que é de Deus. Trata-se de considerar real o que é Real, trata-se de vivê-lo como tal e de viver o transitório como transitório.

Tudo está em você

Há tantas religiões, tantas filosofias, seitas, métodos, orientações, escolas, mestres...!

Ao que parece, todos querem nos dizer o que temos de fazer para sermos justos, honrados, para que o nosso comportamento seja correto, ordenado.

As religiões costumam nos dizer que o homem existe, vive para obedecer a Deus, para amá-Lo, servi-Lo...

As orientações filosóficas, ideológicas, os mestres... dão conselhos, regras e normas...

As sociedades políticas dão leis para que seja possível a convivência e para que esta seja também mais justa e organizada.

E entre tantos preceitos, ensinamentos, normas, orientações, teorias morais... o ser humano fica perplexo.

Muitos não sabem o que fazer, qual religião seguir, que tendências ideológicas, morais, políticas, sociais... adotar.

Quando se fala sobre essa imensa gama de religiões, ideologias e filosofias, no final, talvez para parecer liberal e ficar em boa posição, costuma-se dizer: "Todas as religiões são boas. Todas as filosofias pretendem orientar bem. Portanto, é a mesma coisa tomar este ou aquele caminho..."

E parece certo que cada religião, cada filosofia, cada orientação humana, a partir do seu ponto de vista concreto, tenta orientar os homens para o que é mais justo e mais correto.

No entanto, é interessante observar que nenhum dos Mestres sobre cujos ensinamentos se fundamentam e baseiam as diversas religiões, nunca teve a intenção de estruturar as organizações humanas como elas existem hoje no mundo; nelas, o proselitismo, o sectarismo e a apropriação exclusiva da Verdade são meios e objetivos fundamentais para sua expansão e manutenção.

Eles, os mestres espirituais, nos deixaram orientações claras, um legado, mandamentos simples e um exemplo de vida. Ao trabalhar para defender essas formas e estruturas humanas religiosas cuida-se e defende-se a casca, deixando esquecido o fruto.

Diante deste panorama tão cheio de ensinamentos e orientações diversas, uma pessoa fica pensando: O que devo fazer? A quem devo seguir? Em quem devo acreditar e a quem devo obedecer?

A resposta é clara.

A Natureza, A Vida, Deus, que fez com que você seja o que é, quer que você viva o que você é e pelo que você é.

Ele, que fez com que você seja o que é, deu-lhe a capacidade para realizar a sua natureza, a sua finalidade como ser humano, como fez as roseiras para darem rosas e lhes deu a capacidade de florescer. Nenhum roseiral necessita que um jardineiro lhe diga como dar rosas.

Eu e você, bem como todas as pessoas como nós, estamos aqui para ser o que somos, para dar o fruto da nossa natureza.

Eu e você temos a capacidade para realizar, para tornar realidade e cumprir a nossa finalidade, a finalidade que nos foi apontada pela Natureza ou por Deus.

Por isso, é importante, antes de tudo o mais, saber o que somos, qual é a nossa natureza profunda, o que há por dentro disso que chamamos de o nosso "Eu". E isso temos de ver por nós mesmos, dentro de nós mesmos. O que os outros nos dizem, por mais ciência ou autoridade que tenham, são idéias e palavras. Enquanto não virmos e sentirmos por nós mesmos, não teremos a Verdade viva.

Não é preciso buscar lá fora, não é necessário esperar que alguém nos diga: vá por aqui ou por ali.

Diz a Bíblia: "Surgirão muitos que dirão 'O Cristo está aqui ou ali'..."

Para que buscar o Cristo lá fora se ele está dentro de nós?

Para que buscar fora o que está dentro?

Para que esperar que outros lhe digam e ensinem o que está muito claro dentro de você, no centro do seu ser?

Como A Natureza, Deus, iriam deixá-lo desarmado e impotente na vida para realizar a sua natureza, para alcançar o objetivo a que você está destinado?

Tudo está em você.

Não desvie a atenção para fora.

Tudo está dentro de você.

A sabedoria, o conhecimento de que você necessita, ninguém melhor do que a sua voz interior, o seu mestre interior, para ensinar-lhe.

Talvez você me pergunte: "O que devo fazer?"

Apenas olhar para dentro e ouvir a voz interior.

Para ver e ouvir o íntimo é preciso calar o que está fora. Inclusive a mente que parece estar dentro, mas está fora. É preciso deixar de ficar dependente, condicionado e apegado aos constantes e habituais estímulos de fora.

Enquanto vivermos esta existência física é preciso estar atento a todos os estímulos e condições físicas em que nos movemos.

Porém, o que acontece habitualmente é que vivemos absortos e apegados a tudo o que nos rodeia sem tomar consciência clara do sujeito, do "eu" central, que é definitivamente o ator principal da existência.

Portanto, não se trata de se separar do que está fora, mas de não ficar apegado e hipnotizado e de não ser idiotizado por ele.

Quando você olhar para dentro de você ou ouvir a sua voz interior, a sua perspectiva de tudo quanto o rodeia se modificará. E você verá que o seu agir, inclusive nas coisas externas, será mais sábio, mais coerente, mais organizado e acertado.

Tudo está em você.

Por que mendigar o que você já tem?

Para que buscar água se você é a fonte?

Para que buscar o mestre se você é a sabedoria?

Para que buscar orientação se você é o oriente?

Para que buscar médico e remédios se você é o médico e o remédio?

Tudo está em você.

Deus não faz as coisas mal, ou pela metade.

Deus é a base de tudo.

Deus é a sua base.

O que aparece de você, as suas formas externas, é o visível do Deus invisível.

Você é uma dessas formas infinitas com que Deus se veste.

É certo que no processo da História humana e através de gerações sem conta, acabamos por nos esquecer de quem somos.

Ao esquecer o que somos, passamos a viver exilados do nosso verdadeiro ser, esquecidos da casa paterna; saímos ou fomos expulsos do nosso paraíso, do nosso mundo interior.

Filhos de rei, vivemos distantes do nosso palácio, fora de nós mesmos. Porém podemos voltar a viver em nosso palácio, em nossa verdadeira morada, em nosso verdadeiro ser.

A porta não está fechada.

Nunca esteve fechada.

Nem sequer há uma porta.

Acreditamos que estava fechada e nos acostumamos a pensar que nosso destino é sermos desterrados, incapazes de ajudarmos a nós mesmos, abandonados aos vaivéns do mundo exterior.

A Sabedoria, A Vida, O Amor, A Saúde, A Felicidade estão aí para aqueles que se decidirem a buscar onde unicamente podem encontrá-los.

Não vá procurar lá longe o que está perto.

Não vá buscar fora o que está dentro de você.

Tudo está em você.

"O reino dos céus está dentro de vocês."

Quando você entrar dentro de si, encontrará o reino, o reino de Deus.

O nosso grande problema é que chegamos a nos convencer de que nossa pátria, nosso lar, está no desterro.

Consideramos uma bela ilusão pensar no nosso reino interior.

Todos temos ao nosso alcance ver isso por nós mesmos. Não precisamos crer em ninguém. Cada um pode obter as provas mais evidentes por si mesmo.

O caminho que nos conduziu ao desterro deve ser abandonado. O filho pródigo deve percorrer outra vez o caminho de volta para casa.

Já nos havíamos acostumado a viver fora e longe de nós mesmos, alheios a nós mesmos, olhando sempre para fora, esperando que tudo nos chegasse de fora. Recebemos migalhas, sendo os verdadeiros donos da casa. Porém nos temos considerados mendigos estrangeiros.

Tudo está em você.

Quando você perceber o que é, e realizá-lo, verá que tudo é mais simples do que lhe parece agora. Enquanto virmos com nossa mente inferior voltada para fora, tudo o que estou dizendo parecerá a fantasia de um iludido, idealista e otimista.

Só deixará de parecer uma ilusão para você quando se decidir a ver e a sentir por si mesmo, dentro de você mesmo.

Não peço que você acredite em nada do que digo. Só lhe peço, ou proponho, que veja por si mesmo. Para ver, tem de olhar. Se não olhar, não se decidir a olhar, nunca verá.

Tudo está em você.

Não acredite que se trata de uma fantasia o que é a mais clara e feliz realidade.

Quase todas as terapias existentes estão orientadas para nos ensinar a viver mais ou menos adaptados às condições de nosso desterro. Poucas, ou talvez nenhuma, nos mostre o caminho de volta para casa. Porém, essa é a verdadeira solução para os nossos problemas.

As terapias costumam encaminhar-se para normalizar nossa personalidade, para que esta se acomode às condições do desterro em que vivemos.

Cada um pode aplicar-se a melhor terapia, a de reconhecer seu verdadeiro ser, sua verdadeira natureza. Então os probleminhas psicológicos e de todos os tipos se reduzirão a zero.

Tudo está em você.

A solução para o que você agora considera seus problemas também.

Vivemos adormecidos

A Bíblia diz: "Já é hora de despertar."

Em geral, vivemos adormecidos, sem ter consciência clara de quem somos, de onde estamos, do que fazemos, do por que fazemos o que fazemos, do por que sentimos o que sentimos, de qual o sentido do viver e do não viver para nós...

Vivemos geralmente empurrados, arrastados pelo instinto e pela vontade cega, natural e espontânea de viver, porém praticamente inconscientes, muito pouco despertos.

Vivemos sem uma consciência clara de quem é esse que vive por trás das aparências deste corpo, sem saber quem está vivendo dentro e através desta carne e destes ossos que compõem o nosso corpo.

Vivemos sem uma consciência clara de quem é esse que alberga esses pensamentos, esses conhecimentos, essas habilidades de trabalhar, de julgar, de se desenvolver e evoluir na vida...

Vivemos sem uma consciência clara de quem é esse que é afetado por esses sentimentos agradáveis ou desagradáveis que nos deixam alegres ou tristes em cada momento, quem é esse que sofre ou se alegra, esse que se preocupa, se atemoriza, duvida, chora, canta, ri, goza...

Vivemos sem ter uma consciência clara de quem é esse "Eu", esse sujeito ativo, que é quem realmente vive por trás das roupas, do corpo de carne, ossos, olhos, cérebro, órgão internos, com suas células, moléculas e átomos...

E se não sabemos quem é esse que pensa dentro de nós, quem é esse que sente, que se move, que vive em nós, o que poderemos saber com certa margem de certeza?

Se não conheço o que está mais próximo de mim mesmo, se não conheço esse que conhece, como poderei conhecer as coisas que me cercam? Como me atreverei a fazer afirmações sobre o que os meus sentidos percebem? Poderei acaso conhecer esses outros aos quais chamo de pessoas, que são o que eu sou, se não sei quem eu sou, quem supostamente é a pessoa que está conhecendo? Poderei conhecer esse Ser a que chamo Deus, em quem supostamente acredito, e a cujo respeito digo que é o Ser mais importante, maior, mais poderoso, mais sábio, mais bondoso, absolutamente perfeito, se não conheço esse outro pequeno ser tão próximo, que sou eu mesmo?

Não será tudo isso uma simples afirmação sem sentido, que repito sem um verdadeiro conhecimento, porém como uma fita gravada que reproduz e repete o que foi gravado nela sem ter conhecimento do que significa e do que expressa?

O caminho rumo ao Universal começa no individual.

O caminho para fora começa dentro.

O caminho rumo aos demais começa em nós mesmos.

O caminho rumo às coisas (que é a ciência) começa no conhecimento de si mesmo (que é a sabedoria).

A compreensão do mundo, dos acontecimentos... de Deus, tem necessariamente sua origem e base na compreensão de si mesmo, no ato de conhecer a si mesmo, de ser o sujeito que compreende e conhece.

É impossível conhecer os outros se eu não conhecer a mim mesmo. Se eu não aceitar a mim mesmo de uma forma autêntica, é impossível aceitar os demais.

Por mais que eu me proponha, ou imponha, aceitar as pessoas que estão ao meu redor, tratar-se-á de um esforço vão com resultados muito efêmeros, enquanto eu não começar por aceitar a mim mesmo, real e efetivamente tal qual sou, com o meu lado bom e meu lado mau.

Costumamos viver preocupados e atormentados porque nos custa aceitar determinadas pessoas.

Percebemos que as circunstâncias nos obrigam a lidar com pessoas com quem não temos afinidade. Propomo-nos a não falar mal delas e até mesmo nutrir bons sentimentos e ter boas atitudes com relação a elas. Às vezes é até possível conseguir, em determinados momentos, sermos amáveis com essas pessoas. Contudo, logo voltamos à nossa atitude de rejeição.

A explicação dessa conduta está no fato de não começarmos por onde deveríamos começar.

Temos de começar por uma aceitação óbvia, consciente e sincera de nós mesmos, desse que vê, pensa, vive e que chamamos de "eu".

Então perceberemos que o nosso comportamento é como nós não queríamos que fosse. Nos daremos conta de que uma coisa é o que queremos fazer e outra é o que de fato fazemos.

Mesmo admitindo essa diferença e, por vezes, essa contradição entre o que queremos fazer e o que fazemos, temos de aceitar que isso é assim e que é assim que temos de nos aceitar.

Nada se consegue querendo dar explicações, buscando motivos e causas para esse modo incoerente ou contraditório de comportamento.

A única coisa eficaz é aceitar os fatos tais quais são, aceitar nosso comportamento como ele é, e ficarmos muito claramente conscientes de como somos e de como gostaríamos de ser, evitando as tentativas inúteis de nos justificar e de nos eximir das responsabilidades. Com freqüência, julgamos que somos bons. Às vezes nem sequer julgamos que somos bons, porém que temos a boa intenção de sermos bons.

Já nos satisfazemos com as boas intenções, como se "tentar" fosse "realizar" e "dizer" fosse "fazer". E assim continuamos adormecidos com as glórias do engano.

Só a aceitação da verdade tal como ela é nos libertará do erro de acreditar que o sonho é a realidade e que dizer é o mesmo que fazer.

O "eu" central e o "eu" inferior

Todos sabemos por experiência que há ocasiões em que nos desconhecemos. Às vezes surpreendemos a nós mesmos e nos parece que, em vez de ser um, somos vários. Algumas vezes somos compassivos e, outras, somos duros e cruéis. Algumas vezes somos generosos e, outras, mesquinhos e egoístas. Algumas vezes nos sentimos alegres, otimistas e capazes de tudo; outras vezes estamos presos à tristeza e à impotência. Trata-se do vaivém das idéias. E é o vaivém da idéia de "eu" ou do "eu"-idéia. É o conceito sobre nós mesmos que muda segundo as circunstâncias que estamos vivendo a cada momento.

Na análise de nós mesmos há algo primordial e fundamental que temos de ver com toda a clareza; trata-se de distinguir com todas as evidências o nosso "eu" central do "eu" com que costumamos lidar e atuar em quase todos os momentos da vida.

Estamos empenhados na busca do "EU" verdadeiro, do "eu" central. Porém, tudo o que pensamos e dizemos sobre o nosso "eu" central são idéias e conceitos mais ou menos aproximados da realidade, porém nunca esses conceitos serão o "eu". O eu é realidade e as idéias sobre ele são apenas idéias ou conceitos que não têm realidade. O eu central só pode ser conhecido por experiência direta, sentindo-o. E o sentimos ou experimentamos quando conseguimos nos concentrar nele. Concentrar-se nele é senti-lo como o centro e fonte de tudo quanto existe e acontece em você. A princípio, a mente ajuda nesse trabalho. Depois a mente terá de desaparecer. Enquanto a mente estiver ativa e você sentir que revoluteia com seus pensamentos, lembranças, temores, elucubrações, etc... será impossível sentir-se como o centro, estar centrado no "eu".

Por que são tão poucas as pessoas que têm essa experiência direta do "eu" central?

Em primeiro lugar, porque são poucos os que se decidem a trabalhar por essa experiência feliz. Ela não é ensinada nas universidades nem nos colégios. São poucos os mestres nesta matéria porque para ser mestre não é suficiente saber teórica ou intelectualmente alguns princípios ou algumas regras. É necessário, primeiro, ter percorrido o caminho.

Em segundo lugar, chegamos a formar uma idéia sobre o nosso "eu" que substituiu o "eu" central verdadeiro.

Sempre que pensamos, falamos e nos referimos ao nosso "eu", não estamos nos referindo ao nosso "eu" verdadeiro, porém a essa idéia que fomos criando sobre o nosso "eu". Este é o nosso "eu" inferior, o nosso "eu"-idéia. Podemos chamá-lo como quisermos. Chamamo-lo de inferior porque toda a sua atividade está controlada e governada por um nível inferior de consciência. Suas aspirações são sempre limitadas e restritas. Seu âmbito de ação é muito reduzido. Ele só busca suas conveniências e satisfações.

Não é difícil adivinhar que a nossa vida diária costuma ser orientada por esse eu inferior. Trata-se de um fato real. Temos de reconhecê-lo e aceitá-lo. Muitas vezes não gostaríamos que as coisas fossem como são, tanto no que se refere a nós mesmos como ao que se refere ao nosso ambiente. Porém, temos de aceitar as coisas como elas são, embora nos desagradem.

É o eu inferior que controla a nossa personalidade psicofísica.

Embora esse eu inferior seja o provocador de muitas atitudes más e egoístas, é ele também quem organiza, coordena e integra as funções psíquicas e físicas da nossa personalidade. Quer dizer que ele tem uma função determinada na vida existencial concreta.

O trágico é que nós ficamos presos a esse eu inferior e nos identificamos com ele, outorgando-lhe atribuições que não lhe correspondem. É ele que deve dirigir nossa atividade orgânica. Porém, o constituímos no centro da nossa existência.

O centro de onde brota toda atividade, todo amor, toda inteligência é o "EU" superior ou eu central. Ele é uma realidade por si mesmo; é a fonte de tudo quanto ocorre conosco e através de nós. Tudo quanto somos é expressão da energia, da inteligência e do amor. Pois bem, essa energia de onde brotam e surgem nossos movimentos, nossa atividade, nossa vitalidade... essa energia, é nosso "eu" real. Todo conhecimento, toda criatividade, toda capacidade dedutiva e indutiva usada por esse mecanismo que chamamos mente, toda a capacidade intelectiva provém do nosso "eu" real, do nosso verdadeiro "eu". Toda a capacidade generosa, toda a capacidade de gozo profundo, toda a capacidade de sentir, de querer e de amar reside no "eu" central, na nossa verdadeira realidade.

Somos essa realidade com toda a sua capacidade de expressão e de manifestação.

Em vez de vivermos no nosso centro e origem, vivemos a partir de mecanismos externos como a mente, os sentidos externos e todas as suas aderências. Em lugar de viver a partir do nosso "eu" central superior, vivemos a partir do "eu" inferior. E chegamos a acreditar que é essa a nossa verdadeira realidade, que é esse o nosso verdadeiro "eu".

Queixamo-nos da hipocrisia da sociedade, lamentamo-nos do egoísmo existente em todos os níveis, assistimos a esta comédia humana em que cada um tenta ser ou parecer melhor do que o vizinho, embora seja por pura aparência e engano. Porém, deveríamos observar que tudo isso é o resultado do fato de nossas vidas estarem dirigidas unicamente pelo nosso eu inferior.

Ouvimos freqüentemente muitas pessoas dizerem que se sentem plenamente realizadas quando se sentem à vontade em seu trabalho, ganham dinheiro, têm êxito, boa saúde... e tudo corre bem. Por certo todos esses são sinais evidentes de que se sentem realizadas no "eu" que estão vivendo, no "eu" inferior que ocupa o centro de suas vidas.

A verdadeira, a autêntica realização não necessita de nenhuma gratificação externa.

A verdadeira realização do "eu" central consiste em ser a realidade que se é, viver e desenvolver em cada instante essas potencialidades que somos como focos de energia, de inteligência e de amor. Não importa que haja êxito externo ou não. Não importa que o corpo tenha ou não boa saúde. Não importa que os demais vejam ou reconheçam o que se é, o que se faz ou deixa de fazer. Não importa o tipo de trabalho que se faça, se ganhamos dinheiro ou não.

Na verdadeira realização, o êxito é interior e consiste em ser expressão da Inteligência e do Amor que SOMOS.

Enquanto o eu inferior governar a atividade humana, os resultados hão de ser necessariamente inferiores, dignos de lástima e vis, como corresponde à sua origem.

Quando os governos dos países mudam, criamos expectativas novas de mais prosperidade, de mais desenvolvimento, de uma justiça mais eqüitativa... Porém, com freqüência, costuma haver frustração e desilusão. Acontece que mudam as pessoas mas o senhor que governa as pessoas é o mesmo: o "eu" inferior com todas as suas conseqüências.

Não creio na mudança social e na melhoria do mundo através da mudança e da reforma das estruturas sociais, ainda que em alguns casos estas também sejam necessárias.

Se junto com as estruturas não muda o "eu" que dirige as pessoas, especialmente os governantes dos países, a melhora do mundo continuará sendo um belo objetivo utópico nos discursos, nos livros e na boa intenção da maioria das pessoas. Porém, nada mais do que isso.

A mudança, portanto, terá de se assentar na tomada de consciência do que realmente somos, do "eu" superior ou central que somos. E temos de atuar a partir dessa realidade verdadeira de nós mesmos, em vez de sermos conduzidos pelo "eu" inferior num nível de consciência elementar, baixo, individualista, mesquinho e egoísta. Para muitas pessoas que se sentem "realizadas" no seu "eu" inferior com o êxito externo e a satisfação do seu ego, essa falsa realização vem a ser o pior inimigo no verdadeiro caminho rumo à sua verdadeira realização interior, porque elas chegam a acreditar erroneamente que uma má cópia falsificada é a realidade verdadeira. Essas pessoas ficam aturdidas, abobalhadas e satisfeitas com esse aparente e precário êxito pessoal e acreditam que já conseguiram cumprir o objetivo da sua vida.

Contudo, mais cedo ou mais tarde, aparece o tédio, o vazio, a angústia, porque interiormente se sentem estranhas para si mesmas. A busca interna do "eu" superior não se aquieta com falsas realizações de ouropel.

O eu central é real, permanente, imutável.
O eu inferior é irreal, ilusório, instável.

O eu central é divino.
O eu inferior é terreno.

O eu central é luminoso.
O eu inferior vive de estrelismos.

O eu central é puro amor generoso e desinteressado.
O eu inferior é egoísta, egocêntrico e ególatra.

O eu central é tudo e não deseja nada.
O eu inferior está repleto de desejos e ambições.

O eu central é intuitivo, de visão direta e não julga.

O eu inferior é de visão parcial e curta. E sempre julga.

O eu central vê o mundo em si mesmo e a si mesmo no mundo, vivendo sempre a unidade.

O eu inferior seleciona, segrega e divide, e vive a separação, a divisão e a rivalidade.

Nossa vida sempre será o que é o eu que a dirige. Da fonte pura brota água pura. Se permitirmos que ela passe por um canal contaminado, a água ficará contaminada.

Por que deixar nossa vida nas mãos egoístas do nosso eu inferior, quando nossa origem é pura, generosa e divina?

O melhor caminho: Centrar-se

Habitualmente se diz que quem vive desorientado e deslocado na vida está descentralizado. Ele não está no seu centro.

Mas qual é o centro da pessoa?

É óbvio que não são os seus sentidos físicos, que também se chamam externos. Tampouco são os conhecimentos, conceitos ou idéias que nos chegam de fora. E, por conseguinte, também não são os sentimentos que essas idéias provocam em nós.

Em cada um de nós há um ponto, um algo central que chamamos de "EU". Esse "eu" é o sujeito que percebe e expressa tudo quanto chega até nós e sai de nós.

Esse "EU" é uma Inteligência luminosa, posto que VÊ, percebe, conhece. E também é Amor, porque se sente uno com e idêntico a todos os "eus" de todas as demais pessoas e, ao mesmo tempo, esse "eu" é a energia de onde brota toda atividade, todo movimento.

Quando alguém se abstém ou se abstrai da ação dos sentidos e, inclusive, dos raciocínios mentais e se centra no âmago de si mesmo, então ele goza de uma paz, de uma serenidade e de uma intuição absolutamente diversas de toda sensação ou sentimento proporcionados pelos sentidos e pela mente.

No entanto, este isolar-se dos sentidos e da mente é um trabalho custoso e difícil porque estamos acostumados a viver "com" as coisas e "de" coisas, "com" os demais e "a partir" dos demais, "com" pensamentos e idéias...

No início, teremos a impressão de que ficaremos sós e vazios daquilo que sempre nos encheu, que são as nossas idéias. Custa-nos renunciar sobretudo a uma idéia: a idéia que fazemos sobre nós mesmos. É como se, ao desaparecer o "eu-idéia" ou a idéia que sempre tive a meu respeito, eu também fosse desaparecer, como se eu fosse cair no vazio do nada; até que eu veja e experimente que o "eu" central, o "eu" realidade é o único consistente, o que me dá mais segurança, porque ele é mais meu, ele é o que eu sou, o que não falta nunca, o que se apóia no Grande EU, centro de todos os eus, a verdadeira e única realidade que dá existência a todas as formas que existem no Universo.

Viver centrado ou a partir do centro não é deixar de viver também as coisas do exterior; mas é vivê-las de outra maneira. É ver que não é o meu corpo o que me sustenta, porém ver que eu sustento o meu corpo; que não são os acontecimentos o que me arrasta, sou eu quem vive os acontecimentos, eu que sou o observador de todos eles; que não são os julgamentos, as opiniões e as idéias dos outros que dirigem a minha vida, mas eu, a minha própria capacidade de ver, de decidir, de amar, de ser.

Quando vivo governado pelo eu central, dou o justo valor às coisas. Não me incomodam mais os acontecimentos, nem as idéias e opiniões dos demais, nem a saúde do meu corpo com todos os seus altos e baixos. Eu sou mais importante do que tudo isso. Porém, ao compreender a importância do que eu sou, compreendo igualmente a importância de todos os "eus" dos demais e me sinto unido a eles. Este é o sentimento de amor-unidade mais perfeito que jamais poderá existir.

Então eu valorizo as coisas como coisas, como simples meios elementares de subsistência e, assim, prefiro o bem do "eu" do outro ao bem das minhas coisas; e não explorarei o outro por dinheiro ou para meu prestígio e fama, ou por meus bens e minhas idéias...

Então não explorarei a liberdade do eu dos outros pelo bem material dos outros (marxismo), nem explorarei o "eu" dos outros para aumentar a produção (capitalismo) nem explorarei o bem dos outros pelos "meus" bens (egoísmo).

Centrar-se é ver, sentir e viver cada instante a partir do meu centro, a partir da minha realidade central, a partir do eu sou eu, a partir de onde eu sou AMOR, INTELIGÊNCIA E ENERGIA.

Por que estamos aqui?

Todos os problemas que existem no mundo estão no interior de cada um de nós.

O ser humano, tal como existe "aqui e agora" neste planeta Terra, é um ser em autodesenvolvimento.

Não sabemos como nem por que, mas é certo que o homem não está completamente pronto, "perfeito". Na vida, a sua missão é "fazer-se", aperfeiçoar-se, realizar ou, o que é o mesmo, tornar efetivo, concretizar em ações o que está em potencial.

Ao se esquecer desta sua missão, o homem se lança a uma atividade frenética na vida, no intuito de "realizar" uma idéia que faz de si mesmo, a qual consiste em satisfazer certas exigências físico-materiais dos sentidos e em impor a idéia que faz a respeito de si mesmo aos demais, o que vem a ser o mesmo que colocar o seu ego ou "eu" inferior acima do ego ou eu inferior dos demais.

É aqui que surgem os problemas.

Cada pessoa cria os problemas quando se esforça por defender e fortalecer esse fantasma imaginário que criou acerca de si mesmo, em vez de se dedicar a "realizar" sua missão, sua verdadeira natureza.

Todas as guerras, todas as injustiças sociais, todos os conflitos humanos internacionais têm origem nos desajustes e conflitos interiores dos homens. E não se trata do homem abstrato, porém do homem bem concreto, você, eu e cada um dos que caminham pela rua. Certamente os conflitos internos dos homens que dirigem e governam os povos e Estados têm mais influência e importância que os de um simples cidadão sem poder na sociedade. Porém, cada um de nós coopera a seu modo para esse estado de coisas.

As ciências psicológicas criaram e idealizaram diversas terapias para modificar ou melhorar a conduta humana. As mais avançadas tratam de mudar a atitude mental do homem. Diz-se que a mente com um determinado tipo de idéias leva a um determinado tipo de conduta. Portanto, basta modificar os conteúdos mentais, que são as idéias, para que a conduta também se modifique.

Até aí, tudo isso está correto.

No entanto, é preciso resolver o problema básico que é a base de todos os problemas.

Entre todas as idéias que cultivamos na mente há uma que tem a máxima relevância e importância na nossa vida. Trata-se da idéia que temos sobre nós mesmos.

É óbvio que sempre haveremos de ter uma idéia sobre nós mesmos tal como temos sobre tudo o mais. Contudo, é grave e nocivo que constituamos e façamos dessa idéia o eixo e o centro da nossa existência e de nossas preocupações.

É isso mesmo o que se pretende quando nos propomos como um grande método terapêutico a modificar e a melhorar a nossa imagem. Trata-se de mudar a opinião que temos sobre nós mesmos por outra mais elevada e positiva. Assim, estamos constantemente dando voltas ao redor de um mundo de idéias, fazendo planos sobre um mundo irreal em vez de aterrissar, posicionando-nos e confiando na nossa própria realidade.

Trata-se de descobrir através de experiências e vivências quem é o sujeito de todas essas idéias. Quem é que vive neste corpo, quem é o sujeito e o ator de todos estes pensamentos, quem é que percebe mais, além de todas as sensações e percepções.

Quando percebermos que a origem das idéias que temos a respeito das coisas e de nós mesmos não é outra idéia ou o cérebro, porém uma energia-realidade consciente e amorosa, sutil, perfeita, onipotente, e quando tivermos uma experiência direta disso, eliminando todas as idéias preconcebidas, por mais belas e sensatas que pareçam, então nossa vida sofrerá uma mudança radical e não precisaremos mais de psicoterapias para mudar de idéias ou de imagem.

No colégio e na universidade nos ensinaram muitas coisas, mas não nos ensinaram a viver. É que os mestres de vida são muito raros. Só se ensina a viver vivendo, como amar só se aprende amando. De pouco adiantam as teorias nestes dois campos, visto que na verdade ambos são um só e o mesmo. O importante é viver conscientemente, amorosamente.

Não nos ensinaram o que significa estar completamente vivos.

Ensinam-nos como manter vivo e forte o nosso corpo, porém não nos ensinam como estar completamente vivos e despertos.

As preocupações de nossos pais e educadores se reduziram a ver que o nosso corpo funcione da melhor forma possível e que a nossa conduta se ajuste o melhor o mais perfeitamente possível às normas da sociedade em que vivemos.

Vivemos alheios a nós mesmos. É preciso voltar ao reconhecimento da nossa verdadeira identidade.

Não sabemos com exatidão quem somos porque não nos propusemos saber isso como um problema básico e fundamental.

Acreditamos ser o que na verdade não somos.

Não sabemos viver porque não sabemos quem e o que é esse que vive no que chamamos de nosso corpo, quem é esse que vive esta vida que chamamos de nossa.

As guerras, as crueldades, as injustiças... não são fruto da criação de uns tantos senhores mais ou menos insanos, déspotas ou ambiciosos. Quem cria e produz um ambiente de guerra somos todos nós. Vivemos permanentemente em pé de guerra porque por toda parte vemos rivais e inimigos, atuais ou em potencial. A causa das guerras e das injustiças está no coração de cada um de nós. Dentro de nós há guerra, desunião e desintegração. Há desintegração ou luta entre o consciente e o inconsciente, contradição entre o que pensamos, entre o que dizemos e fazemos e, sobretudo, há desintegração entre o que realmente somos e o que vivemos. Não somos o que vivemos. Não vivemos o que somos. Vivemos o que não somos.

Todos somos um céu. Porém, a vida de muitos costuma ser um inferno, ou pelo menos um purgatório.

Cada um de nós é uma maravilha em potencial. Essa potencialidade pode concretizar-se, pode realizar-se quando nós o decidirmos. No entanto, só nos decidiremos quando virmos com toda a clareza, quando nos convencermos de que esta não é uma mera frase, porém uma realidade genuína, que podemos vivenciar e experimentar.

Vivemos adormecidos. Enquanto não despertarmos, continuaremos vivendo este sonho em que estamos mergulhados, acreditando que somos isto ou aquilo, que somos de uma forma e devemos ser de outra. Tudo são imaginações, sonhos falsos, idéias e ideais. Muitas vezes, quando vemos que não somos como deveríamos ser, nos entregamos ao sonho de imaginar que algum dia chegaremos a ser o que imaginamos ser o nosso ideal.

Tudo isso é real, mesmo que alguns dos meus leitores possam pensar que se trata apenas de belas idéias de concretização muito remota.

Nem de longe tenho a intenção de adoçar a mente com um otimismo barato. Não falo de esperanças do futuro, porém de realidades do presente. O que digo não vale para uma vida depois desta. Só há uma vida. Quando o corpo morre, quase tudo continua igual. Apenas desaparecem as limitações do corpo material. O seu eu, o seu ser continuam vivos.

O que digo é válido para todos e para este momento. Este é o destino de todos e não somente de alguns poucos privilegiados. No entanto, é certo que só o vêem, vivem e desfrutam os que se decidem, com toda a sua alma, a aceitá-lo como o assunto mais importante de suas vidas.

O mais árduo no trabalho da busca de nós mesmos consiste na dificuldade de reconhecer nossos erros e falsidades. Não gostamos de reconhecer que vivemos enganando os outros e a nós mesmos e que as pessoas a quem mais amamos também nos enganam. Tudo isto é muito cruel e preferiríamos continuar com o nosso sonho em vez de reconhecer a verdade franca e sincera que nos abriria a porta da nossa feliz e verdadeira realidade.

O que proponho é um trabalho de investigação.

A investigação das ciências sociais se fundamenta na busca da natureza da realidade fora de nós mesmos, nas coisas, na matéria, analisando-a através do cérebro, dos sentidos externos e de alguns instrumentos sofisticados que aumentam a capacidade dos sentidos orgânicos. Investiga-se aquilo que se vê, o que se ouve e se apalpa, o que se percebe com os sentidos e é mensurável, manipulável e constatável.

O mundo ocidental desenvolveu esse tipo de investigação na medicina, na física, na química, na biologia, na cibernética... Chegou até mesmo a manejar uns certos graus de matéria, tanto a matéria viva dos organismos quanto a matéria inerte.

A investigação da vida interior do homem no seu aspecto mais profundo e íntimo não pode ser feita através dos sentidos, nem pode ser demonstrada aos demais. Trata-se de um trabalho individual e que não pode ser transmitido por palavras.

A análise interior não consiste em crenças nem em ideologias. Consiste numa clara visão interior da própria realidade, da Realidade. Quando alguém tem essa visão, essa pessoa sente o prazer de Ser a realidade que sempre é idêntica a si mesma. Nesse caso, ela sabe quem é que ela é.

Esse estado de consciência é posterior e superior ao estado de desenvolvimento ao qual T. de Chardin chama de noosfera.

Quando o ser humano chega a esse estado de consciência, ele está preparado para estabelecer contato com outros níveis superiores do Ser.

A razão, a mente, os sentidos externos e os instrumentos sofisticados modernos permitem-nos um tipo de investigação limitada da matéria. Porém, não podem nos dar qualquer conhecimento sobre a infinitude da Vida e o mundo invisível que é a ordem do mundo visível.

Os sistemas filosóficos empíricos somente consideram como realidade válida aquilo, e só aquilo, que nos vem através dos sentidos. Depois os racionalistas acreditaram que o único meio confiável era a razão, ou a mente, ou o intelecto, devido ao seu endeusamento da Razão, à qual chegaram a erigir altares e estátuas. Porém, tanto a razão quanto a mente como o instrumento orgânico de que se servem, o cérebro, são limitadas. Com esses meios não se pode analisar o que é mais fino, mais perfeito, mais sutil. O mais perfeito sempre é o mais simples, ou o menos complexo.

É aí que nos deparamos com a dificuldade da investigação espiritual. Estamos acostumados a viver de idéias e com as idéias sempre pendentes da mente. E a mente só serve para analisar o que é complexo. Não serve para o que é simples. O simples só pode ser percebido na simplicidade do silêncio mental com a luz da inteligência intuitiva e o sentimento profundo que transcende os sentidos e as emoções.

Ver isto com clareza é sinal da exigência interior. É indício de que se está sendo chamado para este trabalho de um nível superior. Cada pessoa vive no seu nível. Quando sentimos a exigência de "algo" mais, é preciso trabalhar ou pôr-se à disposição desse "algo mais".

Nesse caso, a pessoa supera o nível anterior e pouco a pouco, percebe que o que antes a gratificava e satisfazia, agora a deixa indiferente. E também acontece o contrário: as coisas que antes a incomodavam e faziam sofrer, agora não lhe fazem mal nenhum.

À medida que o nível de consciência vai subindo, mudam os valores e a perspectiva.

Talvez antes tivéssemos muitos projetos e muitos objetivos. Agora esses projetos e metas perderam força. E então nos perguntamos: Como é possível que isto que antes me parecia ser a ante-sala da felicidade, agora me pareça uma tolice sem sentido?

À medida que os aspectos do mundo interior vão se revelando, mudam os valores atribuídos às coisas exteriores.

Todo dia vemos que o mundo não é exatamente um paraíso. Uma atrás da outra, vão caindo e fracassando as teorias políticas, econômicas, sociais...

As ideologias e até mesmo as religiões não conseguem fazer com que o nosso mundo seja mais humano e mais feliz.

O que fazer?

Se queremos que o mundo seja um pouco melhor e mais feliz, só existe um caminho que podemos tomar e que temos de percorrer. Cada pessoa pode fazer com que mude o seu pequeno mundo, o mundo que é sua vida, com parte do ambiente à sua volta. Ninguém pode nos impedir de viver a partir do nosso mundo interior. O êxito é certo. Cada um pode transformar a própria vida. Todos podemos ser homens novos.

Não é preciso realizar muitas coisas. Só uma coisa é preciso: ser, autenticamente, em cada momento da nossa vida, uma expressão clara e direta do que somos na nossa realidade profunda.

Muitas pessoas que querem mudar o mundo se esquecem do mais importante: mudar a si mesmas.

Um jovem perguntou a Ramana Maharshi se, em vez de trabalhar no sentido de conhecer a si mesmos, não seria mais importante ocupar-se da justiça social. O mestre respondeu: "Imediatamente, se isso de fato for importante e necessário para o teu equilíbrio interior."

De fato, pouco podemos fazer de útil pelo mundo se não tivermos equilíbrio interior, se não houver justiça dentro de nós.

Cada um está onde está para ser o que de fato é, para cumprir a justiça consigo mesmo e com a Vida, com a natureza que recebeu. Você conhece a sua natureza? Cuida de conhecê-la a fundo para que você cumpra O QUE VOCÊ É.

O mal existe?

Aparentemente, a pergunta parece ingênua e até mesmo tola. Estamos constantemente falando de gente "má", de "má" conduta, de "bons" amigos, de "maus" governantes e de que este mundo é mau. À primeira vista, a pergunta parece inútil porque é óbvia, porque o mal parece ser o protagonista deste mundo. Até as tradições religiosas nos falam de demônios e de deuses do mal.

No entanto, temos de analisar em profundidade o sentido de tudo isso. Temos de verificar se isto é certo ou se o mal está unicamente na nossa mente.

Ninguém duvida de que Deus, o Deus verdadeiro, tem de ser o SER ABSOLUTO para que seja um Deus verdadeiro, absoluto em perfeição e absoluto em existência. Em outras palavras, Ele é todas as qualidades e perfeições, e tudo quanto existe, existe Nele e por Ele. Fora Dele não pode existir nada. E tudo o que existe tem de ser um efeito criado por Ele.

E se tudo é e tem de ser expressão desse ABSOLUTO perfeito, positivo e bom, tudo o que tem sua origem Nele também será positivo e bom.

Além do mais, tudo quanto existe, existe porque Deus o está mantendo na sua existência. Portanto, não só depende Dele para a sua criação ou manifestação, mas também para a sua conservação. Essa conservação é uma contínua e permanente criação. Ou, em palavras singelas: bastaria que Deus deixasse de pensar ou desejar que as coisas existissem e as coisas desapareceriam ou se converteriam em nada.

Isso significa que tudo quanto existe no Universo, ao ser expressão do Ser Absoluto, infinitamente perfeito e bom, tem de ser bom também.

E não nos cabe pensar ou dizer: o que é bom provém de Deus e o que é mau, não. Isto é totalmente inadmissível porque o Ser Absoluto tem de abarcar absolutamente tudo. Não existe nada, nem pode haver nada fora Dele.

Então, como se explica que haja tanta dor, tanta criminalidade, tanta injustiça no mundo? De onde elas saem? De onde provêm? Na nossa educação familiar também nos disseram sempre que é preciso lutar contra o mal. Como conciliar tudo isto?

A existência de tudo o que é visível no Universo se desenvolve em diferentes níveis.

Existe um nível elementar e primário regido por determinadas leis físico-químico-biológicas. Essas leis regem o desenvolvimento de tudo o que é material. Além disso, existem no ser humano outros níveis mentais, afetivos e espirituais.

Se não existissem os seres humanos ou outros seres conscientes semelhantes no Universo, tudo quanto ocorresse neste Universo seria perfeito. Ele seria governado por essas leis que se cumpririam inexoravelmente com perfeição. Os vulcões e terremotos seriam o desenvolvimento normal das leis físico-químicas que regem a matéria. Não se poderia pensar que um terremoto, com tudo o que agora nos enche de medo, destruição e morte, fosse mau. Não. Simplesmente, as leis naturais estariam sendo cumpridas.

Quando um animal come uma planta, da perspectiva da planta, se ela pensasse como nós, poderíamos dizer que a estava matando, que o animal estava cometendo um crime contra ela. Porém, do plano do animal, ele está cumprindo a lei da sua sobrevivência. Ele faz o melhor que tem de fazer. Na Natureza, portanto, não existe o mal. Tudo vai cumprindo a sua própria lei. Tudo está certo e tudo é como deve ser.

O problema aparece quando a mente humana intervém, com seus juízos e comparações. Quando ela aplica as leis de um nível num nível diferente.

Para os seres não-humanos tudo acontece como deve acontecer. Tudo é como tem de ser, tanto quando um animal come o outro ou quando é comido por ele. Neles se cumpre a lei que os governa: a lei da selva, a lei do mais forte ou do mais apto para sobreviver. O ser humano, a Humanidade também passou pela lei da selva no início de sua evolução.

Todavia, pela sua própria natureza, o ser humano é chamado, está destinado a outros níveis superiores de desenvolvimento.

Quando uma pessoa age de acordo com a lei da selva, ela está cumprindo a lei de todo ser vivo para subsistir. Considerado por esse ângulo, o que ela faz para subsistir é perfeito.

Quando a pessoa vai evoluindo, ela percebe que há outros que também têm direito à sobrevivência e que ela tem de respeitar o direito que os outros têm de sobreviver. Ela não pode nem deve impor seu direito de subsistir às custas da morte dos demais ou, o que vem a ser o mesmo, às custas do direito de subsistir que os demais também têm. Trata-se do reconhecimento da justiça eqüitativa. Neste nível, a pessoa reconhece, tanto para si como para os demais, os mesmos direitos que prevalecem entre seres da mesma espécie.

Teoricamente, parece que todos os seres humanos deveriam viver ao menos nesse nível de justiça eqüitativa. Porém, por experiência própria, sabemos que no mundo prevalece com freqüência a lei da selva, a lei do mais hábil ou do mais forte, como acontece entre os animais.

Quando uma pessoa atua a partir dessa lei inferior, tudo o que ela faz, em si mesmo é bom, visto que ela está cumprindo essa lei elementar de sobrevivência. Porém, observado do nível da justiça eqüitativa, julgaríamos suas ações como más, impróprias e defeituosas. O mal, portanto, está no juízo da mente que compara o que ela faz com o que deveria fazer se estivesse atuando no nível superior. Portanto, vemos que aquela pessoa que mata ou rouba, vista desse nível em que ela está agindo, faz o bem próprio deste nível: buscar tudo o que é bom e agradável para sua subsistência. Porém, quando julgamos a partir de fora, levando em conta que como pessoa ela está obrigada a cumprir outra lei superior, como a lei da eqüidade, então dizemos que ela está agindo mal.

É importante salientar que muitas pessoas com freqüência se escandalizam quando ouvem dizer que as ações executadas segundo a lei da selva em si mesmas são boas e que o mal está unicamente na comparação que a nossa mente faz com o que acreditamos que deveria ser. Porém, se essas pessoas tão exigentes e moralistas olhassem para si mesmas, veriam quantas vezes elas mesmas também agiram sob essa mesma lei na sua própria vida, e então tratam de buscar mil desculpas e explicações para justificar sua conduta. Cumpre-se o ditado que diz que elas vêem o cisco no olho alheio e não vêem a trave no próprio.

A lei da selva é boa e perfeita e mediante ela o indivíduo mantém sua existência e preserva a da espécie. Os animais são tanto mais perfeitamente animais quanto melhor cumprirem essa lei.

A lei que rege a natureza desses seres vivos e sua consciência são a mesma coisa. Sua consciência se identifica com sua lei, em seu nível. Isso é perfeição. As leis físico-químicas que regem a natureza dos minerais são uma mesma coisa com a consciência dos seres minerais. Essa também é a sua perfeição. Uma pedra tem consciência perfeita no seu nível. Como a árvore, a flor, a abelha, o cachorro. Cada um no seu próprio nível natural, identificando-se a consciência com as leis que os regem.

Se o ser humano identificasse a sua consciência com as leis do seu próprio ser, ele também seria perfeito. Esse é exatamente o trabalho da realização humana.

Todos os seres da natureza, exceto o ser humano, estão no caminho justo da sua realização. Cumprem a sua natureza.

O ser humano vive defasado. Costuma viver em níveis inferiores aos que está chamado a viver pela sua natureza.

Assim, pois, podemos afirmar que não existe o mal em si mesmo a não ser por comparação com algo melhor e mais evoluído.

O mal, tal como o nada, é um conceito. Não tem entidade em si mesmo. Só existe o ser e o ser em si mesmo sempre é positivo.

O mal aparece quando o ser humano vive num nível o que deveria viver em outro, superior.

Quando se busca o próprio bem no nível inferior de subsistência segundo a lei elementar ou lei da selva, o que se faz, em si mesmo, é bom. Porém, quando olhamos e julgamos o ato feito a partir de um nível de maior desenvolvimento, dizemos que a pessoa age mal porque não cumpre a lei da eqüidade que todo ser humano está obrigado a conhecer e a cumprir. Porém, o mal está no julgamento; ele se origina na comparação com o que se deveria ser ou fazer.

É importante levar em consideração que a maior parte de nossos sofrimentos se produz por querermos viver num nível inferior o que só se pode viver num nível superior. Explico-me melhor. Quando o ser humano tem ânsia de amor, de beleza, de verdade, ele quer isso no grau máximo. Não quer um pouquinho de amor, de verdade, de beleza. Não. Sua aspiração é infinita. Porém, essa aspiração infinita de amor, de verdade, de beleza, de felicidade, ele trata de satisfazer num nível inferior, com objetos limitados, e fica completamente insatisfeito porque aspira algo maior, mais elevado, mais perfeito e mais permanente. O resultado é que ele cai num estado de frustração e de ansiedade que não se dissolverá enquanto a aspiração que sente não for satisfeita ali onde ela surge: no interior e não no exterior.

Tudo o que chamamos de mal, em si mesmo não é mau, mas um mau funcionamento da consciência.

A este mau funcionamento da consciência podemos chamar de pecado original num contexto religioso. Todavia, num sentido mais amplo, podemos dizer que é o estado de desenvolvimento incompleto em que se encontra a Humanidade. A Humanidade ainda está num período de evolução. O desenvolvimento e a evolução da consciência não seguiram *pari passu* com o desenvolvimento da matéria exterior. Houve desenvolvimento das ciências, porém não da Sabedoria.

Recordemos que a Bíblia expressa isto dizendo que os primeiros pais cometeram o pecado de comer o fruto da árvore do conhecimento do bem e do mal. Quer dizer que caíram na consciência dual que cria o bem e o mal. É como se a consciência se anuviasse, como se caísse na escuridão do sono. Talvez tenha alguma relação com isso aquele sono que, segundo a Bíblia, Deus deu a Adão.

O Cristo, o enviado de Deus, e todos os Avatares ou personificações de Deus que existiram sobre a Terra, vieram para nos tirar do sono da ignorância, do pecado original da dualidade. O Cristo veio para nos ensinar que somos Um com Ele, tal como Ele é Um com Deus.

Enquanto a Humanidade continuar adormecida, haverá a luta entre o bem e o mal, que não é senão a criação de uma dualidade da consciência ainda não desenvolvida. Quando a consciência se desenvolve, desaparece a dualidade, desaparece o mal.

O ser humano, em si mesmo, é um ser potencial.

É uma energia que deve desenvolver-se, uma inteligência que deve concretizar-se, um amor ou sentimento de unidade que tem de se exercitar.

Na medida em que for tomando consciência de suas capacidades e potencialidades ou, o que é o mesmo, na medida em que for crescendo e ampliando sua consciência, seu comportamento melhorará, será mais humano; ele agirá a partir de um nível mais elevado.

Assim, portanto, o comportamento corresponde ao nível da consciência que se tem e no qual se vive.

Porém, é preciso não confundir o nível de cultura ou de instrução com o nível humano de consciência.

Pode haver e de fato há pessoas com uma grande cultura, portadoras inclusive de títulos universitários, ou pessoas que vivem num alto nível econômico-social que têm e vivem num baixo nível de consciência humana. Seu desenvolvimento humano é muito baixo e vivem segundo os ditames da lei da selva, a lei do mais hábil e do mais forte, ainda que vivam com grande refinamento social. Esses são aqueles que maltratam seus semelhantes e os oprimem física, econômica ou moralmente.

Alguém talvez possa se perguntar como é possível que pessoas com grande cultura e conhecimento possam viver nesse nível tão baixo de consciência. Porém devemos levar em consideração que o grau ou nível humano de consciência é uma percepção interior de si mesmo e dos demais com um claro entendimento da própria existência. E isso independe totalmente da cultura e do conhecimento das coisas exteriores.

Em outras palavras: o nível de consciência é o nível de Sabedoria, e os conhecimentos e a cultura representam o nível de ciência.

Todos conhecemos pessoas com um grau muito elementar de cultura e conhecimentos, mas que vivem num elevado grau de sabedoria, de compreensão de si mesmas, da vida e dos semelhantes. Trata-se dos sábios sem cultura. Outras, ao contrário, vivem uma culta ignorância. Talvez tenham certa cultura, porém o seu nível de sabedoria é muito escasso.

Assim, pois, podemos dizer que todos os seres, inclusive os seres humanos, por certo são bons em si mesmos.

A conduta humana também é boa em si mesma. Porém, a consideramos má ao compará-la ou julgá-la a partir de outro nível de consciência superior em que achamos que essa pessoa deveria estar.

Os seres não-humanos fazem o que têm de fazer. São como têm de ser porque sua consciência se identifica com a lei natural que os rege. Seu comportamento corresponde à sua natureza.

No que se refere aos seres humanos, como já dissemos, falamos de más condutas quando as comparamos com a conduta própria de um ser mais desenvolvido que, devendo viver num nível de justiça, de eqüidade, ou melhor ainda, num nível de consciência espiritual, está vivendo e agindo no nível elementar da lei da selva. Trata-se, portanto, de um problema de desenvolvimento. É como se julgássemos uma criança débil porque ele não conhece as leis da trigonometria ou das derivadas e integrais. Estaríamos exigindo dela mais do que corresponde ao nível em que ela vive.

Podemos argumentar que a pessoa maior de idade tem obrigação de estar mais desenvolvida. Está certo. No entanto, do que e de quem depende o fato de não ter progredido? Este talvez seja o problema mais difícil de explicar. Poderíamos dizer que se deve ao *karma* da pessoa ou à sua herança genética, ou à sua trajetória educativa, ou ao livre-arbítrio de Deus. Cada pessoa pode ficar com a explicação que achar mais conveniente. Porém, no fundo, não se sabe. As coisas são assim e não sabemos de mais nada. Essa pessoa tem um baixo nível de consciência e seu comportamento corresponde a essa consciência.

As responsabilidades que se exigem social e legalmente, segundo as leis que regem a sociedade em que cada pessoa vive, é um outro capítulo. Trata-se das regras do jogo social que é necessário cumprir. Os que participam do jogo e não as cumprem têm de pagar a penalidade correspondente.

Estamos falando aqui do mal moral e não do mal jurídico e penal. Sendo justos e exatos, teríamos de dizer que todas as ações e todos os comportamentos humanos são bons e são maus.

São bons porque cada pessoa atua segundo seu nível de consciência, buscando sempre fazer o bem, o seu bem, ajustado ao nível de consciência em que vive.

São maus porque todos os comportamentos humanos sempre podem ser mais perfeitos, podem realizar-se a partir de um nível superior de consciência. Sabemos que sempre é possível fazer mais e melhor. Sempre há montanhas a escalar. Sempre há um grau maior de perfeição que podemos alcançar.

Quando nos confundimos e nos unimos com o SER, com a perfeição, não haverá bem nem mal, nem mais perfeito nem menos perfeito. Haverá simplesmente o Ser. Seremos o Todo.

Porém, até então, sempre haverá um grau mais elevado de consciência que podemos alcançar e, com respeito a esse grau mais elevado, nosso comportamento num grau inferior será defeituoso, será mau. Porque o mal sempre é mau em comparação com algo melhor.

O mestre Jesus falava com toda a clareza sobre este conceito de comparação: Não julgueis e não sereis julgados. Ou seja: se julgardes os outros que estão atuando num nível mais baixo do que o nível a partir do qual os estais observando, também sereis julgados e observados a partir de um outro nível mais elevado do que aquele em que estais agindo. E então, se aqueles são maus diante do vosso julgamento, vós também sereis maus diante do julgamento de consciências mais elevadas.

Cada coisa é boa em si mesma.

Cada ação é boa em si mesma.

A maldade se origina no julgamento comparativo que nós fazemos.

Quanto maior, quanto mais elevado for o nível de consciência em que vive uma pessoa, mais compreensiva ela será com as demais pessoas que vivem em níveis mais baixos e elementares. E, ao contrário, as pessoas exigentes e críticas, que vêem o mal em tudo e julgam todas as pessoas como más, são pessoas que vivem num nível baixo e elementar de consciência. Por isso, criticam; por isso resistem e julgam, e qualificam os demais como maus! Se tivessem um nível mais elevado de consciência, se fossem mais "sábias", saberiam que cada um se desenvolve no seu próprio nível. Todavia essas pessoas não vêem isso porque seu nível de consciência é muito baixo e elementar.

À medida que a nossa sabedoria aumenta ou, o que é o mesmo, à medida que se expande e amplia a nossa consciência, nos conhecemos melhor, conhecemos melhor os demais e compreendemos melhor o seu comportamento. Então, havendo uma maior compreensão das pessoas e dos acontecimentos, há uma maior e melhor aceitação das pessoas e das coisas, tais como elas são, sem exigir-se mais do que é possível. Então vê-se que tudo está no lugar correto.

Tudo é como deve ser. Todas as pessoas são como é o seu nível de consciência.

Será que não deveriam estar num nível superior? Talvez sim. Como também nós deveríamos estar num nível superior. Mais ainda. Se estivéssemos agora num nível superior àquele em que nos encontramos, não exigiríamos dos demais como agora estamos exigindo e julgando.

Em vez de exigir que os demais subam de nível de consciência para que seu comportamento seja mais humano, somos nós que temos de ter uma consciência mais expansiva e elevada para compreender e aceitar os demais no plano em que estes se encontram.

O mundo, a Humanidade está num período de desenvolvimento e de evolução. Sabemos que a Humanidade toda pode e deve melhorar em sua evolução. Porém, enquanto estiver no nível em que se encontra, tudo o que acontece é normal, é adequado ao seu desenvolvimento.

A Humanidade em conjunto e as pessoas concretas na sua individualidade estão destinadas a um grau maior de desenvolvimento da consciência. Enquanto isso, cada qual está fazendo o que corresponde ao seu próprio nível.

Nossa missão na vida é crescer em amplitude e elevação de consciência. Este é o nosso dever, o nosso verdadeiro dever como pessoas.

A única liberdade

Todos dizem que querem ser livres.

Todos exigem por toda parte sua liberdade.

Mas quando acontece a liberdade total?

A filosofia diz que a liberdade é uma propriedade do ser humano. Ser propriedade significa algo que lhe é próprio, embora não pertença à sua essência. Em outras palavras, o ser humano tem a capacidade, por sua própria natureza, de ser livre. Isso quer dizer que o ser humano está chamado para ser livre.

Porém, quando é que ele é livre? Unicamente quando age e vive a partir do que ele é, sem condicionamento de nenhum tipo e de nenhuma espécie.

Nós, os seres humanos, enquanto seres com uma determinada personalidade (corpo, idéias, sentimentos, palavras, expressões...) estamos sempre dependendo das personalidades dos demais e inclusive das coisas, porque existe uma conexão necessária entre todas as formas ou manifestações de todos os seres.

Enquanto vivermos a partir de nossas formas, a partir da nossa personalidade, temos de reconhecer que nossa liberdade é muito pouca, pois vivemos condicionados pelas formas dos demais e de tudo o que é exterior.

Há um único modo de sermos livres: viver a partir do âmago da nossa realidade, de onde reconheceremos que tudo o que é nosso e tudo o que é exterior são formas da Realidade Total. Você é realidade; porém, não o que é seu, ou seja, a sua personalidade e as suas coisas.

Quando você age a partir de si mesmo, a partir da sua verdadeira realidade, os seus atos são expressão da Inteligência e do Amor que você é no fundo. São atos livres, sem nenhum condicionamento.

Quando, ao contrário, você age a partir da sua personalidade, seus atos vêm impregnados e contaminados com a ruindade do eu inferior, que se sente condicionado por todas as personalidades e eus inferiores dos demais.

Todo o bem, toda a beleza, tudo o que é amável na sua vida é produto da sua realidade central.

Quando você age a partir dessa realidade central, do seu centro, você é realmente livre porque os seus atos não são matizados nem condicionados por nenhuma classe de formas externas.

Em contrapartida, quando suas ações procedem do eu inferior, da sua personalidade, ficam automaticamente condicionadas pelas suas próprias formas e pelas formas dos demais com quem você tem ligação.

A liberdade só existe quando se vive a partir do fundo central de si mesmo sem o condicionamento de qualquer forma externa.

Essa é a verdadeira e única liberdade.

Só a possuem e vivem os que vivem a partir de sua autêntica realidade central.

Só há liberdade no bem e no amor que brotam do centro de nós mesmos. Nunca do egoísmo e do desamor que são frutos do nosso eu periférico inferior.

Não são muitas as pessoas genuinamente livres. Porém, felizmente, há algumas.

Cada um de nós pode ser livre, se assim nos decidirmos.

Crescer?

Costuma-se dizer: não é preciso esforçar-se em ter mais mas em ser mais, em crescer como pessoa.

Essa frase é bonita mas não está correta.

Ninguém pode ser mais. Ninguém pode crescer como pessoa. Somos tudo o que podemos chegar a ser. A única coisa que pode crescer é a consciência do que somos, porém nunca o que somos, visto que já o somos. Podemos e devemos melhorar e aumentar a consciência de nós mesmos. Devemos perceber que tudo o que podemos chegar a ser já o somos em potencial, e temos de ter clara consciência desse fato, pois assim poderemos passar à ação.

A partir do momento em que eu começo a ver as coisas externas não só com meus sentidos exteriores e minha mente, mas através da minha consciência central interior, tomo conhecimento de que toda a realidade que dou ao exterior é reflexo e projeção da realidade do meu "eu" profundo.

Então percebo que não tenho de mendigar nem receber nada de fora.

Quando vemos, vivemos e observamos a vida a partir da nossa consciência interior, nossas relações com os demais se tornam mais fluentes e mais humanas. Nossa bondade não cresce. Já somos a bondade. No entanto, ao tomar nítida consciência dessa bondade que já somos, ela se reflete em cada ação da vida cotidiana. Nossa conduta melhorou, tornou-se mais humana, não porque tenhamos adquirido algo, porém porque a consciência do que já somos se concretizou, se expressou em atos.

Crescer como pessoa significa crescer em nível de consciência, crescer em visão.

Cada um de nós é uma inteligência luminosa; contudo ao ignorar o que somos, vivemos e agimos de forma ignorante. Assim sendo, nossa vida é uma sombra distorcida do que realmente somos. O verdadeiro desenvolvimento humano consiste nessa ampliação de consciência, que é gradual e paulatina.

Em casos excepcionais, esse crescimento acontece repentinamente através da iluminação interior. Normalmente, essa iluminação interior só acontece depois de um trabalho muito lento e perseverante sobre nós mesmos. O trabalho se baseia fundamentalmente em ficarmos atentos em cada momento do dia no que se refere às perguntas: "Quem sou eu? Quem é esse que vive por trás dessa mente que discrimina e julga, por trás desses sentimentos que tomam conta de mim?"

À medida que se vai tomando consciência de que somos algo maior e muito mais luminoso e positivo do que toda a nossa personalidade com seus egos ambiciosos e vaidosos, nossa vida começa a ter outra cor, outra tonalidade.

Você deve crescer na única coisa em que pode crescer: no nível de consciência. Tudo o mais vem por acréscimo.

ALGUMAS APLICAÇÕES PRÁTICAS

Tudo o que dissemos nos capítulos anteriores só terá validade se tiver aplicação em qualquer situação e momento da nossa vida. Do contrário, será uma mera e bela teoria utópica. E, por certo, tudo o que expusemos se destina a ser aplicado em cada momento da nossa existência.

A seguir, exponho alguns aspectos concretos do nosso modo de pensar ou de viver, iluminados pelas orientações dadas nos capítulos anteriores.

Nos cursos ou conferências sobre esta matéria, a platéia costuma expor mais dificuldades concretas para a aplicação do nosso enfoque. Porém, eu creio que, a bem da brevidade, podem ser suficientes as que daremos a seguir.

Como a Vida apresenta circunstâncias e aspectos infinitos na sua manifestação, infinitos também serão os modos de vivê-la.

Porém as dificuldades existem quando as observamos e julgamos como categorias mentais. Quando transcendemos a mente e vemos e analisamos a partir do nosso Ser central, tudo fica claro.

Paz no coração

Paz é uma das palavras mais pronunciadas e enfatizadas. Tal como amor. A paz é a bandeira que todos levantam como seu ideal. Da mesma forma que o amor. A paz é, por certo e aparentemente, o mais desejado bem buscado por todos. Como o amor. Porém a paz está em grande parte ausente dos corações. Da mesma forma que o amor.

Por que se se fala tanto em paz, se ela é tão procurada e desejada como se diz, ela é tão escassa na sociedade e no coração dos homens?

É porque só se consegue a paz quando não existe um apego obsessivo no coração pelas coisas agradáveis, nem aversão doentia pelas desagradáveis.

Queremos a paz; no entanto, somos constantemente agitados por desejos e apegos profundos. E, por sua vez, os apegos provocam às vezes uma desproporcional exaltação emotiva momentânea, quando nossos desejos são gratificados, e outras vezes provocam dor, depressão e frustração quando nossos desejos não são satisfeitos.

Vivemos presos, escravizados pelo desejo do que é agradável e pelo medo e temor do que é desagradável.

Neste estado mais ou menos constante de ansiedade, é impossível obter a paz.

Numa reunião em que se falava sobre a maturidade e a serenidade, eu estava dizendo que a serenidade é fruto e sinal de maturidade e que se manifesta num estado equilibrado e imperturbável de ânimo, tanto diante de notícias muito esperadas, de acontecimentos gratificantes e de fatos agradáveis, como diante de desgraças e de fatos desagradáveis.

Um dos ouvintes objetou que isso nos levava a um estado de apatia e de indiferença. Ele disse que pessoas que agem assim não desfrutam nem gozam intensamente os acontecimentos, que quem não se exalta diante de um triunfo esportivo ou de qualquer outra natureza, ou não se comove profundamente ao encontrar um ser querido ou ao receber um golpe de sorte e fortuna é uma pessoa apática e fria. É que se costuma confundir apatia com serenidade e imperturbabilidade.

A pessoa apática fica indiferente diante das coisas ou acontecimentos por falta de vitalidade física ou psicológica.

A pessoa conscientemente serena é serena porque tem nítida consciência do autêntico e verdadeiro valor de cada coisa e sabe distinguir o permanente do transitório.

A pessoa serena consciente sabe que todas as coisas e acontecimentos são transitórios, mutáveis e cambiantes, exceto o seu ser profundo, o seu verdadeiro "eu", que sempre é idêntico a si mesmo; ela sabe que ele nunca lhe pode faltar e que nada nem ninguém pode destruí-lo.

A pessoa conscientemente serena, a que percebe o sentido da Vida, a que sabe quem é e o que são as coisas e os acontecimentos, se dá conta de que ela é a testemunha sempre presente, o sujeito observador permanente e imutável, diante de quem passam e acontecem as coisas e os fatos. Ela vê o seu corpo e seus pensamentos e sentimentos se modificarem. Porém, ela é a testemunha imóvel de tudo o que é mutável, de tudo o que se passa dentro e fora dela.

O homem sereno, consciente, não se prende nem cria dependência alguma entre ele e as coisas, porque sabe que ele, como consciência interior, não pode ficar sujeito aos avatares cambiantes das coisas e dos acontecimentos.

O homem sereno, consciente, distingue o permanente do transitório. Ele não se escandaliza nem se embevece com os fogos de artifício momentâneos. Goza o espetáculo, mas sem identificar-se com ele. Está além do espetáculo e de todas as formas mutáveis. Sabe que o agradável e o desagradável são incidentes passageiros.

A pessoa serena consciente sabe que tudo na vida, as coisas agradáveis e as desagradáveis, se alternam num contínuo vaivém. Por isso nem fica extasiado ou se identifica com o que é agradável, como se essa alegria e euforia fossem eternas, nem se afunda na tristeza diante das desgraças e do que é desagradável, porque sabe que não importa o momento, não importa o que aconteça, tudo é transitório e fugaz.

A paz só pode ser encontrada na Verdade.

E verdade é aceitar o transitório como transitório e o permanente como permanente.

Verdade é o fato de que todas as coisas e acontecimentos, agradáveis ou desagradáveis, são transitórios e que Você, naquilo em que Você é profunda e autenticamente Você, no que Você é um com o UNO, com O Ser, com Deus, é permanente e imutável.

Suas coisas, seus pensamentos, suas afeições e preferências, o seu corpo com a sua boa ou má saúde, suas propriedades, habilidades e qualidades, o seu dinheiro e fortuna, a sua fama, os seus amigos e familiares... tudo isso é transitório, mutável e perecível. Não é necessário prová-lo. É fato evidente para qualquer pessoa que observe com objetividade a própria vida e o meio que a circunda.

Somente Você transcende todas essas coisas. Você, o sujeito consciente, a testemunha de tudo o que acontece dentro e fora de você.

Quando Você tiver tudo isto presente e for conseqüente em relação a isso, obterá a paz que se aninhará no seu coração porque você terá encontrado a Verdade de Você mesmo e a Verdade de todos os demais.

Não pode haver paz quando se vive de costas para a Verdade.

Ninguém pode gozar da paz se estiver ancorado e estabelecido no erro sobre si mesmo, sobre o que é.

Se você quer a paz, terá de lutar contra a ignorância sobre si mesmo.

Se quer a paz, busque a Verdade, ame a Verdade, viva a Verdade.

Muitos querem que o falso seja verdadeiro, que o agradável seja permanente e que nunca aconteça o desagradável.

Essas pessoas querem agarrar o agradável e cristalizar determinados momentos da Vida, pretendendo que a vida se paralise conforme seus caprichos e segundo suas conveniências.

Enquanto essas pessoas não viverem o agradável e o desagradável como acidentes transitórios, e não aceitarem a Verdade do que é, tal qual é, viverão no erro e na mentira.

A paz se fundamenta na Sua Verdade e na Verdade da própria Vida. Sem falsificações, sem trapaças.

Acreditamos, erroneamente, que os que dizem belas frases, os que cantam belas canções, os que fazem revoadas de pombas brancas, os que formam grandes círculos de pessoas de mãos dadas, os que celebram reuniões e enviam aos céus orações estudadas em frases encantadoras, os que pintam e exibem cartazes chamativos, trabalham pela paz... Todas essas coisas podem ser gestos belos e artísticos bem-intencionados. No entanto, é um erro acreditar que alguma dessas coisas possa nos dar paz. A paz somente se instalará entre os homens quando estes viverem a unidade harmônica do centro de si mesmos.

Enquanto vivermos dominados pelos nossos pequenos eus individualistas, a paz não passará de uma palavra. Quando, por trás das infinitas e diversas formas de expressão, os homens virem, sentirem e viverem a unidade essencial da humanidade com aquele que é Uno com todos e a fonte de Tudo, então a paz residirá entre nós.

O perigo está em acreditar que esses gestos externos de paz possam trazer a paz. Os gestos são bons quando são acompanhados de atos concretos. Caso contrário, podem converter-se numa armadilha.

A paz não é algo externo que temos de conseguir. A paz é uma realidade já existente e presente que tem de ser descoberta através de um desenvolvimento da consciência e tem de ser vivida em cada momento e situação da nossa vida, desde os governantes mais importantes até o mais humilde dos governados.

Tentar ser "alguém" e fazer algo importante

Com freqüência ouvimos os pais dizerem que desejam que seus filhos sejam alguém, que cheguem a ser pessoas de destaque na sociedade. Parece que esse é o ideal mais elevado para a maioria das pessoas.

Por isso um mestre da vida interior me impressionou ao me dizer: "Eu não pretendo ser nada. Só ser o que já sou, realizar o que sou, viver o que sou."

Depois de certo tempo, eu compreendi.

Não é uma atitude passiva ou apática como às vezes algumas pessoas podem pensar. Nada disso.

Chegar a ser e viver o que já somos é o trabalho mais importante e mais rico que podemos realizar em nossa vida.

Esta frase: "Eu não quero ser nada", pode ser interpretada em dois sentidos. Por um lado, pode significar uma atitude covarde, cômoda, preguiçosa, de incapacidade para triunfar em alguma coisa; por outro lado, pode significar que não pretendo ser nada mais do que sou, e a única coisa que me faz falta é tomar consciência do que já sou, porque sei que isso que sou é muito. Isso é tudo.

No mundo em que vivemos triunfam os que chamam a atenção, os que chegam a ser alguém ou algo importante. Parece que esse é o objetivo principal da maioria das pessoas. Cada um quer ser importante no seu nível ou no seu ambiente; e, em alguns casos, vemos como algumas pessoas se propõem a superar seus próprios níveis e aspiram chegar a níveis mais elevados.

Essas pessoas ambiciosas, ativas, incansáveis em seu esforço de subir na vida, ou de prosperar, são apresentadas aos jovens como modelos.

Diz-se que é graças a essas pessoas que a Humanidade progrediu e evoluiu. Talvez seja verdade. No entanto, também é verdade que a causa de toda essa ambição e afã de subir na vida e de destacar-se dos demais criou as rivalidades e competições que levam os homens a destruir-se e confundir-se, com todas as conseqüências sociais e humanas que conhecemos.

É que nisso tudo há um erro de base.

Em vez de desenvolverem tudo o que são na essência do seu ser como seres humanos, os homens tentam desenvolver o que não são, ou seja, a aparência de sua personalidade.

Nossa personalidade (corpo, mente, afeto...) é o meio ou instrumento através do qual expressamos, ou podemos exprimir, o que somos como realidade. Porém, nós não somos a nossa personalidade. Se o fôssemos, deixaríamos de ser nós mesmos cada vez que mudasse qualquer aspecto da nossa personalidade.

A partir desse erro básico de confundir-se com a personalidade, a pessoa quer ser mais, crescer mais às custas de fazer exteriormente cada vez mais coisas para ser reconhecida como alguém importante, na sua personalidade.

Já sei que muitos dirão ou pensarão que elas fazem o que fazem, não para ampliar sua personalidade, mas para servir à Humanidade. Elas dizem que querem cooperar com o desenvolvimento e para a melhora do mundo e da sociedade em que vivem. Isto é o que a maioria dos políticos costuma dizer quando expressa sua vocação política, dizendo que se trata de uma vocação de prestação de serviço. Costuma-se afirmar o mesmo em outras profissões e trabalhos sociais.

Costuma-se pensar que, para trabalhar a serviço do mundo e dos semelhantes, é preciso fazer muitas coisas, falar muito, movimentar-se de um lado para outro.

Isso talvez seja útil e necessário em alguns momentos e em algumas ocasiões, e com a condição imprescindível de que os que assim fazem, se movimentam ou falam, façam-no não para insuflar o seu "ego" exibindo-o ante os demais, porém por um verdadeiro e sincero sentido de prestar um serviço aos outros.

Vivemos numa época em que se fala muito, se fazem muitas conferências e reuniões, uma época de muita ação voltada para o exterior, porém com falta de profundidade e de interiorização.

A palavra e a atividade exterior só serão úteis de fato quando a pessoa que age ou fala o fizer a partir da verdade de si mesmo. E só se fala a partir da verdade de si mesmos, e não dos desejos e complacências do ego quando a pessoa é realmente una consigo mesma e age com toda a honestidade, compreensão e conhecimento de sua própria realidade, de sua própria natureza.

Quando se tem este conhecimento e compreensão de si mesmo, percebe-se que não é a gente que faz alguma coisa, mas que quem faz é a Vida, O Ser, Deus (ou como se queira chamá-lo, porque as palavras não têm importância). Nossa personalidade é o instrumento ou o meio de que se serve o Único Criador para fazer e se expressar. Ele se manifesta e se expressa através de infinitas formas. Porém o ser humano tem a rara e excepcional qualidade de se abrir e de se pôr à disposição dessa ação do Ser e da Vida, ou de se fechar e bloqueá-la. Depende de cada um de nós ser um instrumento disponível e adequado ou ser um obstáculo e um estorvo. Não costuma ser esse o modo de ver e entender a atividade humana. Mas aqueles que estão dispostos e abertos à verdade onde ela estiver, tanto se se adaptam a seus esquemas mentais, como se tiverem de mudá-los ou revolucioná-los, verão que a transformação pessoal e a modificação do mundo há de se fazer por uma renovação da mente e das atitudes operativas.

Vemos que tudo o que se vem fazendo no mundo e na nossa própria vida é incapaz de mudar e melhorar o mundo, ao mesmo tempo em que nos deixa mergulhados na eterna luta de dualidades prazer-dor, amor-ódio, bem-mal...

Só quando começamos a tomar consciência da nossa verdadeira e real natureza e damos ao Ser o que é do Ser e às aparências e formas o que é das aparências e formas (dar a César o que é de César...) então começaremos a caminhar na Verdade.

Enquanto acreditarmos que somos nós, com a nossa personalidade, os que "fazemos", quando na realidade é Ele quem faz, estaremos mergulhados no erro, longe do caminho da verdade, e tudo quanto atribuirmos a essa falsa imagem será um engano.

Às vezes, sobretudo em certos ambientes religiosos, isso é reconhecido teoricamente, porém não na realidade dos fatos de cada dia.

Se deixasse de ser uma bela e simples teoria, muitas ambições, muitas vaidades e orgulhos, muitos feitos néscios e vãos desapareceriam.

A maioria dos psicólogos acadêmicos tradicionais ensina a agradar e a fortalecer a personalidade, que nada mais é do que a forma, a estrutura mediante a qual se expressa o Verdadeiro Ser. E se está mais do que certo que a personalidade, como instrumento e meio, deve ser a mais apta, adequada e preparada, para cumprir seu papel e sua missão, não é menos certo que se atribuiu à personalidade única e exclusivamente todo o valor das ações. E isso não é assim.

Quando alguém percebe que O Ser, Deus, é o verdadeiro "realizador", compreende que você, como veículo que contém o Ser, é muito importante, não como veículo mas por causa do conteúdo que é o seu verdadeiro ser, do qual o seu corpo e personalidade são um instrumento mais ou menos adequado.

A maioria das pessoas tem como objetivo primordial de sua vida ser alguém importante, ter mais do que os outros. Este, quase sempre, tem sido o conselho dos pais e educadores. E isso também contribui para uma luta cruel e desumana entre aqueles que buscam realizar o mesmo objetivo.

Os que ignoram o que são, se esforçam por parecer importantes. Porque são muito poucos os que sabem de verdade e com certeza o que são.

São poucos o que sabem que aquilo em que tocam, o que vêem e sentem não é o que tocam, vêem ou sentem, porém a aparência visível e sensível da realidade profunda, verdadeira e invisível, permanente e inacabável.

São poucos os que vêem o invisível por trás do visível, são poucos os que apalpam o impalpável por trás do palpável, os que sentem o insensível além do sensível.

São poucos os que sabem que o que seus sentidos conhecem não é senão o reflexo do que sua imaginação cria e sua memória retém.

São poucos os que sabem olhar e ver, porque são poucos os que observam aquele que olha e poucos os que vêem aquele que vê. A Sabedoria não é dos objetos mas dos sujeitos.

São poucos os que sabem que a felicidade não consiste em conseguir algo, mas em ser o que já se é.

São poucos os que compreendem os outros, porque são poucos os que compreendem a si mesmos.

São poucos os que sabem que a vida é um sonho porque são poucos os que vivem despertos.

São poucos os que não têm problemas porque são poucos os que sabem que os problemas são um simples pesadelo.

São poucos os que sabem que não têm de aparentar nada porque já são Tudo.

Sentir-se bem... passar bem...

Aquela senhora voltava de uma aula muito contente, muito eufórica e muito satisfeita porque o princípio geral que o instrutor lhe havia dado como norma de conduta para qualquer momento fora: "Aja, faça como você se sentir melhor."

É comum ver que a maioria das pessoas tem como norma de vida: passar bem, sentir-se bem.

Estou consciente de que o mero fato de insinuar que esse princípio ou filosofia de vida não é o mais correto, pode suscitar a protesto dos que me lêem.

No entanto, apesar de correr o risco de parecer antipático e dispensável, é preciso dizer que graças a esse princípio, ou por culpa dessa filosofia de vida, muitos caprichos infantis e superficiais se convertem em diretrizes de vida para muitas pessoas.

Deveríamos perceber que o melhor modo de nos sentirmos bem e de passar bem é viver a partir do fundo de nós mesmos aquilo que realmente somos. É uma lástima que isso só possa ser percebido através da própria experiência. Minhas palavras não servem de prova. Cada pessoa tem de descobrir isso ao fazer a experiência. E costumam ser muito poucos os que se decidem a fazê-lo.

Cada vez que nos propomos como principal e último objetivo da vida passar o melhor possível estamos transformando os termos e as finalidades da própria Vida.

A Vida é para cada ser, seja ele o que for. Para que cada ser se realize, ou seja, torne realidade aquilo que constitui a sua natureza. Então, e somente então, é que a pessoa se encontra e se sente bem de verdade, profunda e permanentemente.

Se o fim e o objetivo da nossa vida fosse ser nós mesmos, sendo cada um o que é, não estaríamos à mercê de tantos e tão variados caprichos volúveis e mutáveis. Esses desejos caprichosos são, por outro lado, impossíveis de ser satisfeitos.

Por que não mudar nossa filosofia de vida para algo tão simples, claro e eficaz como ser você mesmo em cada momento, em cada situação?

É claro que isso requer que você saiba o que você é, no âmago de você mesmo. E não é freqüente encontrar pessoas que realmente conheçam a si mesmas.

Este é e deve ser o trabalho mais importante da vida de toda pessoa.

Nós sabemos e todos estamos cansados de ver que na vida moderna prevalece, em quase todos os ambientes, a filosofia de "passar bem", de "desfrutar a vida", de "fazer o que nos apetece"... Temos de reconhecer que esse desejo e essa tendência em si mesma é boa. Trata-se de uma tendência lógica de qualquer ser vivo.

O que resulta absurdo e impróprio de um ser racional medianamente desenvolvido é que isso, o passar bem, o fazer o que mais lhe apetece, seja a norma primordial da vida e da conduta.

Não se pode propor como lema ou norma de vida fazer o que mais agrade porque isso é deter e paralisar a pessoa no estágio mais baixo do seu desenvolvimento, no nível inferior de animal.

Está certo, repetimos, que sentir-se bem física e animicamente é uma tendência natural e lógica de qualquer pessoa. Porém, essa não é a meta da sua vida.

Na medida em que ela vai desenvolvendo a sua consciência, irá vendo que sentir-se bem não é tão importante. Irá vendo que os estados de ânimo são estados mentais passageiros que vão e vêm enquanto se vive a partir da mente. Porém, quando começa a viver a partir do SEU SER, ela perceberá que esses estados de ânimo irão desaparecendo para dar passagem ao SER sem estados.

Em palavras mais simples, quando alguém vai melhorando o nível de consciência de si mesmo, a pessoa se sente realmente bem sem que precise propor-se a sentir-se assim. O bem-estar, a satisfação, a felicidade é fruto e conseqüência direta de ser fiel a si mesmo; é o fruto próprio e normal de viver no centro fecundamente gostoso e amoroso que cada um é no âmago do seu ser.

Não faz muito tempo, vi e ouvi num programa de televisão falarem do esforço inútil das pessoas em perseguir a felicidade. O curioso é que se tratava de um programa religioso e falavam da felicidade como de um objeto que vive voando por aí e que é necessário agarrar. Falava-se da dificuldade para se conseguir ser feliz. Diziam-se todas essas coisas que se ouvem com freqüência: que há momentos de felicidade que não costumam durar muito tempo; que cada um encontra a felicidade numa coisa diferente; que não existe felicidade perfeita... E todas essas lindezas que se costumam dizer porque todos as repetem. O grave nesse caso é que essas palavras eram ditas por pessoas religiosas de muito destaque.

A felicidade não é algo que se tenha de conseguir, que se tenha de agarrar. A felicidade é O amor. E O Amor somos nós. O Amor não deve ser agarrado; deve ser sentido onde ele está: no centro do nosso ser, que é o Ser Uno, que é Deus. Quando nos sentimos UNOS com o Ser há amor, há felicidade.

Somos o Ser, somos o Amor, somos a Unidade. Somos a Felicidade.

Isso que estamos dizendo pode ser um prato forte demais para algumas pessoas. Porém, é a verdade. Da mesma forma que, se dermos a uma criança uma comida muito nutritiva, porém excessivamente forte, por certo ela não poderá digeri-la porque não está suficientemente desenvolvida para isso. Entre nós também há pessoas para as quais tudo isso é muito difícil de digerir, de entender. Porém não é por isso que deixa de ser um bom alimento da Verdade. Eu sei que para alguns ou para muitos dos meus leitores tudo isso está claro e evidente.

Uma vez ou outra é preciso dizer e insistir que não é preciso buscar nada fora de nós para sermos felizes. Pois nenhuma coisa do mundo pode nos dar sequer um grão de felicidade; nenhuma pessoa, por mais bonita, boa ou santa que seja, pode nos transmitir a felicidade.

As pessoas, as coisas, podem servir como estímulos para despertar a nossa consciência rumo ao ser interior. Ou, o que costuma ser mais freqüente, as coisas e as pessoas nos dão certas satisfações no nível do mecanismo mental e afetivo. Porém toda satisfação num nível médio ou externo é, em si mesma, tão passageira que, no final, costuma deixar mais angústia e tristeza do que a satisfação que nos deu no início. Tecer ilusões com essas satisfações é viver destinado à desilusão, sobretudo quando se confunde essas satisfações com a felicidade permanente, profunda, plena, a que todos aspiramos legitimamente a partir do âmago de nós mesmos, mas que somente se pode desfrutar vivendo-a no fundo de nós mesmos.

Os políticos costumam propor como objetivo máximo de suas campanhas melhorar a qualidade de vida dos cidadãos. Para eles e para a maioria das pessoas, a qualidade de vida costuma consistir em melhorar o nível material, o conforto, as comodidades e satisfações sensuais.

A qualidade de vida humana não depende do melhoramento material mas da elevação e da expansão da consciência. Fazem-se esforços para melhorar o exterior da pessoa, porém enquanto o interior da pessoa não melhorar, a felicidade será a grande ausente entre os homens.

Ninguém é mais feliz por ter um nível material melhor. Só se pode encontrar a felicidade onde ela se encontra: no interior de cada um.

Tanto a qualidade material de vida como a cultura são as aspirações máximas dos homens mais progressistas da nossa civilização moderna.

São poucos os que sabem que nem uma coisa nem outra farão do nosso um mundo melhor; que só a elevação das consciências e o acesso à Sabedoria, que é o conhecimento de nós mesmos e da Vida, têm essa possibilidade.

Karma? Responsabilidade?

A vida se expressa através de todos os seres vivos. Portanto, também através de cada um de nós.

Não somos nós que fazemos com que as coisas sejam deste ou daquele modo. É a Vida que faz cada coisa.

É certo que Essa Vida se expressa através de nós, por nosso intermédio. E nós, aparentemente, temos a capacidade de "colorir", de influir, de modificar o plano e a ação da Vida ou de Deus.

Porém, até que ponto a modificação que fazemos nos acontecimentos depende de nós? Acaso não é A Vida, Deus, quem põe cada um diante de determinadas situações para que desenvolva em maior ou menor grau certas qualidades?

Parece que, em teoria, o homem é livre. Embora tenhamos de dizer, com mais exatidão, que o homem tem a capacidade de ser livre.

Essa capacidade ou potencial só é um fato real para aqueles que chegaram a se libertar ou a se desembaraçar dos laços e cadeias dos condicionamentos físicos, morais, sociais, psicológicos que os levavam em determinada direção ou sentido.

Dizer que o homem é livre ou que o homem é racional significa dizer que o homem tem a capacidade de chegar a agir, atuar e viver com liberdade ou de um modo racional. Contudo, ele só é de fato e efetivamente livre quando exercita essa potencialidade e passa do potencial ao ato.

Na verdade, se observarmos um dia qualquer da nossa vida, ficaremos assombrados ao constatar que fomos conscientes racionais e não autômatos durante poucas horas ou minutos. E se somos autômatos, podemos dizer que agimos livremente? A Vida se expressa através das coisas e através de nós, ainda que de maneira diferente. Através das coisas ela se expressa direta e imediatamente. Nós, ao contrário, podemos obstruir ou, ao contrário, podemos cooperar consciente e amorosamente com a Vida. Somos tanto mais atuantes quanto mais conscientes estivermos da ação da Vida em nós.

Quando acreditamos que nós somos os únicos autores do que fazemos, vivemos na ignorância, inconscientes de que o único e verdadeiro autor de tudo é a Vida, é Deus.

Já sei que irão surgir perguntas como, "e onde fica a responsabilidade pessoal?"

Na verdade, só podemos falar em responsabilidade no caso daqueles que agem e atuam consciente e livremente sem nenhum condicionamento. E todos sabemos a teia de condicionamentos, manipulações e pressões a que está sujeita a maioria das pessoas, tanto físicas e econômicas quanto psicológicas, religiosas e sociais.

Há uma responsabilidade que é iniludível para todo ser humano. Talvez seja a única ou, pelo menos, é a principal responsabilidade que ele tem de enfrentar.

Cada pessoa tem de se fazer as perguntas: Eu sou uma pessoa, mas exerço o papel de pessoa? Eu sou livre, mas exercito minha liberdade? Sou consciente, mas acaso exercito minha consciência?

Se nos furtamos a essas responsabilidades básicas, como falar de responsabilidades ulteriores?

Quem é o que responde? A quem responde?

No jogo social, na estrutura da vida social, é evidente que são necessárias algumas regras ou leis para uma boa organização social e para a convivência humana. Eis aí todo o universo jurídico com seus códigos, juízes, fiscais e defensores, com todo o seu complicado emaranhado e sua complexa estrutura legal.

No entanto, não falamos aqui em responsabilidade social ou legal.

Eu estou falando da nossa atitude diante do Grande Jogo da Vida. Trata-se de entender o Grande Jogo da Vida em mim, o meu Grande Jogo com a Vida.

Quando este grande jogo está resolvido, o outro, o pequeno jogo social, fica reduzido a um mero trâmite de pouca importância.

Os conflitos sociais são tão numerosos e tão aflitivos porque não temos resolvido o grande problema da nossa vida: a tomada de consciência do verdadeiro sentido da nossa vida na Vida.

Quando estamos conscientes de que toda a nossa atividade humana nada mais é do que a expressão, a manifestação ou o reflexo da Consciência Pura, percebemos que todos os problemas que criamos sobre a reencarnação, o karma, a responsabilidade... etc. ficam reduzidos a uns poucos delineamentos teóricos e a alguns jogos mentais.

Os homens costumam julgar muito o fato de "serem ou parecerem importantes".

Quando dermos à Vida, ao Ser, a Deus, o lugar que lhes compete, nossos problemas e preocupações ficarão reduzidos e delimitados ao seu justo lugar e terão resposta e solução adequadas.

Com quem você se zanga?

Temos muitas maneiras de enganar a nós mesmos e aos demais.

Como estamos acostumados a viver de meras exterioridades, costumamos dar mais importância às palavras do que aos sentimentos.

Quando dizemos, por exemplo, "perdôo mas não esqueço", estamos fazendo um jogo paradoxal de palavras e sentimentos.

Por um lado, queremos convencer-nos, ou convencer os outros, de que somos bons e generosos porque perdoamos e, por outro, que-

116

remos fazer ver que somos inteligentes ou, ao menos, que não somos tolos porque manteremos presente, ou continuaremos a manter presente no futuro, esse fato ou essa situação para não confiar mais nessa pessoa.

Mas o que está acontecendo de fato?

Por um lado, ao dizer perdôo mas não esqueço, ou em outras situações semelhantes, estamos tendo uma atitude de incompreensão e de não-aceitação da nossa zanga e de nosso ressentimento contra essa pessoa. E essa zanga e esse ressentimento, ao não serem reconhecidos e aceitos, permanecem como sentimentos vivos e ardentes, golpeando constantemente a nossa mente.

A palavra "perdôo" não serve para nada. Trata-se de uma simples cobertura para que os demais não vejam o que existe por dentro, para que não vejam a zanga e o ressentimento. Queremos, inclusive, ocultá-los de nós mesmos, para convencer-nos com essa palavrinha de que somos generosos e bons. Uma tentativa vã de auto-ilusão.

A rejeição, a não-aceitação, o não querer ficar consciente de que a zanga e o ressentimento estão asilados no coração, fazem com que continuem vivos. E enquanto a zanga e o ressentimento continuarem vivos, não perdoamos, por mais que o digamos com palavras.

O perdão consiste em esquecer.

Mais ainda: se a suposta ofensa não se tivesse gravado na sua mente, você nem sequer teria de esquecê-la.

Se você quiser analisar ainda mais profundamente, eu lhe direi que, se não tivesse vivido essa situação com o seu eu inferior, e se a tivesse vivido com a compreensão infinita do eu superior você não se sentiria ofendido. Porém essa atitude está reservada aos que estão muito desenvolvidos na sua verdadeira natureza interior.

Não existe perdão sem esquecimento.

E chega-se ao esquecimento quando se toma clara consciência da raiva e do ressentimento, quando se aceita esse sentimento de zanga como um fato em si mesmo, quando se observa o espírito enraivecido e, à medida que o vai mantendo na consciência por um ou vários momentos, com clareza, sem tentar justificar-se, sem queixas nem sentimentos de culpa, a raiva irá desaparecendo como se fosse fumaça.

Enquanto alguém repete que perdoa, é sinal de que a raiva ainda está viva. A pessoa terá de observar serenamente, terá de aceitá-la para que desapareça definitivamente.

Perdoa de verdade aquele que já nem se preocupa em perdoar, porque já esqueceu o passado.

A raiva contra nós mesmos, contra os demais e até contra certas situações ou acontecimentos da vida não passa de um escudo de autoproteção.

Com a raiva, queremos proteger-nos da culpabilidade. E não só da culpabilidade por algo presente ou passado, mas até da culpabilidade futura.

Quando nos zangamos, queremos dizer mais ou menos implicitamente que nós não somos como aquele que nos causa a zanga, que nunca fomos assim e que nunca seremos capazes de ser assim. Às vezes, até o dizemos com palavras: "Eu nunca faria uma coisa dessas..." Quanto mais nos zangamos com algo ou com alguém, mais estamos dizendo aos gritos que nós também somos assim, que temos feito aquilo que nos deixa zangados ou que o faríamos em qualquer ocasião.

Se quando nos sentirmos feridos ou ofendidos reconhecermos e aceitarmos que esse sentimento está em nós, à medida que mantivermos na consciência esse fato, com serenidade e compreensão, esse mal-estar da raiva e a própria raiva irão desaparecendo.

Então já não nos preocuparemos em perdoar ninguém, visto que teremos esquecido a ofensa. Trata-se de algo que passou, que não existe mais.

Se você quiser, podemos observar isso com muito mais simplicidade. Se quando nos zangamos nos déssemos conta de que não resolvemos nada com a nossa raiva, mas podemos piorar as coisas e que, além disso, nosso psiquismo, assim como nosso organismo físico, ficam com a saúde alterada, perceberemos o absurdo que é a raiva, por mais razões e argumentos que busquemos para justificá-la.

Costuma-se dizer que quando aparece a raiva deve-se contar até dez. Está certo, porém eu diria que se fôssemos ampliando nossa consciência e nossa compreensão, também teríamos compreensão pelos demais e não teríamos que contar sequer até um. Para que zangar-se? Você não deve se zangar nem sequer contra si mesmo, visto que, em última análise, você é o autêntico responsável pela sua raiva.

Consumismo e sofrimento

Se analisarmos cada um dos nossos sofrimentos, perceberemos que no fundo sempre existe um desejo não atendido. Desejo algo e não posso consegui-lo. Estou desejando algo que não consigo obter. Eu gostaria de ter..., de fazer..., de conseguir... algo e não consigo! A tática e a estratégia comercial do consumismo propõe constantemente algo desejável às pessoas. Algumas vezes, são coisas úteis. Outras vezes, coisas absolutamente inúteis porém atraentes; coisas que dão "status" social ou pessoal; coisas que fazem com que a pessoa que as possui seja mais importante aos olhos dos semelhantes. Os modismos são um exemplo evidente do fato.

Muitas pessoas costumam dizer que elas, não; elas têm as coisas apenas porque gostam de ter, e não para que os outros as vejam. Porém, se pesquisarem com sinceridade os motivos por que gostam delas, chegarão à conclusão de que se sentem importantes com essas coisas, diante dos olhos e da opinião dos demais.

As pessoas têm muitas coisas para serem apreciadas e admiradas pelas demais, e também para serem mais queridas pelas outras.

E se queremos ter coisas para que nos admirem e até para que nos invejem, é porque também nós, de nossa parte, estamos admirando e invejando os que as possuem.

É muito difícil uma pessoa admitir que inveja alguém. Ela dará explicações rebuscadas e apresentará mil desculpas para seus sentimentos e atitudes. Porém, não admitirá que inveja as outras pessoas. Outros defeitos são admitidos com mais facilidade. A inveja, todavia, não.

A política econômica e comercial principalmente a dos povos desenvolvidos baseia-se no fomento e no incentivo do consumo, na circulação do dinheiro.

O que no plano econômico parece o melhor para um maior desenvolvimento constitui-se na causa da queda da pessoa no seu desenvolvimento humano enquanto pessoa; trata-se de uma ladeira não facilmente perceptível, porém indubitável, rumo ao subdesenvolvimento humano. E isso não porque o desenvolvimento econômico, técnico, científico ou de conforto no modo de viver seja em si mesmo prejudicial ou negativo, mas porque a pessoa chega a acostumar-se a reagir automaticamente aos estímulos que lhe propõem, e caminha, como o animal inconsciente de si mesmo que corre atrás da cenoura.

A política consumista cria desejos. E os desejos de ter e possuir coisas e coisas sem limite, afogam, substituem e matam o desejo de se ser o que se é.

A maioria das pessoas vive tão ocupada, esforçando-se por obter ou conseguir certas coisas que não tem tempo para si mesma, para saber quem é, o que faz na vida, além de passar bem e adquirir cada vez mais coisas.

O afã de ter e de possuir algo que está fora de nós indica pobreza e ignorância do que se tem dentro.

Quanto mais coisas se adquirem, mais vamos nos afundando no vazio interior. E quanto maior o vazio interior, mais ânsias de ter coisas para compensá-lo. Trata-se do círculo vicioso que nunca acaba até que aconteça algum fato importante e de impacto que acarrete o despertar da consciência.

Se estivéssemos conscientes do que somos e constatássemos que necessitamos de muito pouco, não cairíamos nessa correria tresloucada por adquirir e possuir coisas.

O consumismo, algo aparentemente inocente, é o caminho direto rumo ao subdesenvolvimento humano dos povos técnica e materialmente desenvolvidos.

Não é o fato de consumir; porém, o desejo e o afã desmedidos de ter a obsessão de comprar o que os outros oferecem que faz com que o consumismo seja perigoso e nefasto.

É falando que as pessoas se entendem?

Costuma-se dizer que falando é que as pessoas se entendem. Porém, na prática, vemos que são poucas as que se entendem falando. Na melhor das hipóteses, costuma-se chegar a uma certa aproximação. Na maioria das vezes, cada um fica com a sua posição e o seu modo de pensar. E, às vezes, sem chegar a compreender o modo de pensar dos outros.

Por que isso acontece?

Por duas razões. Em primeiro lugar, as palavras não significam o mesmo para todas as pessoas. Em segundo lugar e sobretudo, porque estamos demasiado condicionados por certas ideologias ou modos de pensar que nos impedem de ver aquilo que contraria essas ideologias, visto que estamos tão identificados com elas que acreditamos que admitir algo que lhes seja contrário é o mesmo que perder nossa personalidade ou trair nossas idéias.

Sempre que pensamos ou falamos com base num sistema preconcebido, a partir de uma ideologia determinada, a partir de alguns princípios morais, políticos, sociais, filosóficos... estamos destinados ao fracasso no nosso empenho de encontrar a verdade.

Só podemos encontrar a Verdade no desnudamento completo das idéias, dos princípios e dos pressupostos.

Por isso, o Cristo ou a manifestação da Verdade, de Deus, disse: "Quem quiser me seguir, abandone tudo quanto tem"... Ele não se referia somente, nem principalmente, às coisas, ao dinheiro, aos bens materiais. Não.

O que possuímos com mais apego é o nosso ego com "suas" posses: idéias, gostos, julgamentos, preferências, maneiras de pensar. Isto é o que consideramos mais nosso.

Não se pode comparecer ao casamento com A Verdade vestindo roupas velhas, com vestimentas condicionadoras, mas sim com a única roupa possível de núpcias que é o amor à Verdade. Quem for vestido de outra maneira ficará de fora do banquete, como na parábola da Bíblia.

Quem analisar o que eu digo sem condicionamentos e livre de todo hábito mental preconcebido, livre também de toda ideologia ou sistema predeterminado de pensamentos, verá que o que eu estou dizendo é totalmente certo.

Em muitas pessoas existe um explicável medo de deixar de pensar como pensavam antes. Elas sentem quase uma vertigem ao prescindir de certos sistemas ou ideologias que observaram e admitiram durante toda a sua vida. Elas acham que ao deixar de pensar ou de crer no que crêem, ficam sem nada, sem apoio debaixo dos pés.

Na realidade, elas não perdem nada, porque a ideologia em que se apoiavam não era delas, embora a considerassem sua.

Além disso, é preciso muita coragem para reconhecer que estavam vivendo de empréstimo, com idéias que não lhes eram próprias.

Por tudo isso, não é fácil entender-se com pessoas que estão condicionadas, submetidas e oprimidas por determinada ideologia ou por um modo estreito de pensar.

Não é tanto ao falar mas ao estar aberto à Verdade que as pessoas se entendem. Não se pode estar aberto, se se está escravizado a uma determinada ideologia. Uma coisa é pensar de forma coincidente com determinada ideologia e outra muito diferente é submeter-se a ela incondicionalmente, por mais sã, generalizada, tradicional e bem-vista que ela seja.

Toda dependência, seja de coisas, de pessoas ou de idéias, é um grande obstáculo para ser livre e conscientemente autêntico. E somente quando a pessoa é autenticamente ela mesma é que está preparada e disposta a compreender e aceitar o outro com o seu modo de ser e de pensar.

As pessoas podem se entender falando e sem falar.

As pessoas se entendem quando há disponibilidade sincera para se entenderem e uma verdadeira abertura da mente e do coração, livre de interesses e de ideologias condicionadoras.

Aceitação

A vida é um conjunto de luzes e de sombras. É um emaranhado de coisas agradáveis e desagradáveis. É um constante dia-noite, frio-calor, bem-mal, claro-escuro, mais-menos, certo-incerto, verdade-erro...

A maioria das pessoas vive habitualmente num estado ou atitude de reação automática contra os estímulos externos ou internos, contra as circunstâncias e situações do seu viver diário.

Isso é assim porque costuma-se viver os impulsos espontâneos e automáticos dos sentidos externos ou das conveniências de uma personalidade egoísta, míope e egocêntrica, para a qual não há mais norma e objetivo do que a sua própria satisfação e utilidade individual.

Diante dessa filosofia de vida, tudo o que desagrada é recusado e torna-se inaceitável.

Essa personalidade egocêntrica só tem este princípio: é bom e aceitável o que me agrada; e é mau, e portanto, recusável, o que me desagrada.

Diante desse modo de pensar, essas pessoas estão destinadas a fazer uma seleção permanente dos acontecimentos e das coisas da vida, constituindo-se em juízes parciais do bom e do mau. A regra ou norma é naturalmente a sua conveniência, o seu agrado ou desagrado.

É óbvio que essas pessoas têm de estar permanentemente lutando contra a corrente natural dos fatos. Querem que as coisas aconteçam sempre no rumo que desejam. Porém a Vida é inalterável no seu fluxo. As coisas são como são, como têm de ser, e não como fulano ou beltrano quer.

Às vezes, as mesmas coisas, as mesmas situações, no mesmo momento, no mesmo lugar, são desejadas de maneiras diferentes por várias pessoas. Cada uma busca e deseja a sua conveniência e satisfação. Porém, os parâmetros da Vida não são a satisfação ou conveniência de alguém em particular. As coisas são como são, como têm de ser, como a Vida quis que fossem.

Assim, portanto, vemos que diante da Vida, diante dos acontecimentos, cabem duas posições: uma de abertura e aceitação, e outra de recusa, rejeição e não-aceitação.

A aceitação nos põe no rumo da Vida.

A não-aceitação nos situa num plano de luta contra a Vida. Na aceitação somos e nos sentimos livres porque não estamos presos, escravizados e dependentes de certas conveniências prazerosas.

Na não-aceitação, estamos sujeitos às nossas conveniências individuais que nos fazem suas exigências.

A aceitação é uma atitude interior pela qual aceito as coisas e as situações tais como são, e não como eu gostaria que fossem.

Quando eu quero que as coisas sejam de um modo determinado estou expressando uma idéia. Essa idéia, esse meu pensamento, pelo qual quero que as coisas sejam de um modo determinado, pertence ao mundo ideal, ao mundo irreal.

Portanto, ao não aceitar as coisas como são e ao querer que sejam da maneira que eu penso que deveriam ser, estou querendo impor um mundo irreal ao mundo real. Estou querendo impor o meu mundo ideal, o que penso, ao mundo real, ao mundo que é. Como se vê, nossa ousadia, nossa irracionalidade chega a limites insuspeitados. Não somos capazes de governar nossos caprichos e queremos governar a Vida.

Quando vivemos ansiosos e desejosos de que as coisas sejam de um determinado modo, estamos vivendo em pé de guerra, sempre na defensiva de nossos gostos e na ofensiva contra a realidade. Nós nos vangloriamos tanto de ser realistas e estamos tentando modificar a realidade!

Se nos déssemos conta de que a Vida sempre é sábia — tanto quando faz brotar os botões das flores como quando dá a cada animalzinho instintos próprios para a sua sobrevivência, tanto quando as coisas saem a nosso gosto como quando as flores murcham, quando uns animais comem os outros e as coisas não acontecem segundo o nosso gosto, teríamos mais paz, menos angústia e uma serena aceitação de tudo quanto ocorre perto e longe de nós.

Ao viver, entretanto, a partir dos entraves mentais da personalidade egocêntrica, que não busca o Bem mas o "seu" bem, cada coisa, cada situação, cada momento é uma tortura, uma guerra.

Quando observamos a vida e as situações de uma perspectiva aberta, não-individualista, a partir do fundo de nós mesmos, então vemos tudo como lógico, e o compreendemos e aceitamos.

Os psicólogos costumam falar muito sobre a importância do inconsciente. Pois bem, o inconsciente é feito ou constituído por todas as coisas, situações, fatos, sentimentos... que não aceitamos no seu momento e que continuam aí dentro, petrificados, cristalizados.

Esses conteúdos do inconsciente exercem pressão sobre nós inconscientemente, até que se liqüidem por meio da aceitação. Essa carga inconsciente só é eliminada quando revivemos esses fatos ou situações não-aceitas e as reconhecemos e aceitamos consciente e compreensivamente.

O mesmo acontece nas nossas relações pessoais. Há pessoas que foram e são habitualmente rejeitadas por nós, por uma razão qualquer. Apresentamos mil motivos para não aceitá-las. E cada vez que aparecem diante de nós, mesmo que somente em pensamento, surge um movimento de desagrado, de rejeição. Eu aconselharia certas pessoas que quase sempre estão de mau humor a verem e examinarem no seu íntimo quantas pessoas estão na sua lista negra particular, pessoas a quem não podem ver, que não conseguem suportar, pessoas que não aceitam. É muito possível que seu mal-estar habitual esteja em proporção direta com o número de pessoas rejeitadas. Só quando elas compreenderem e aceitarem essas pessoas é que o conflito e o mal-estar deixarão de existir.

Para as pessoas com orientação religiosa, eu posso dizer que, quando aceitamos tudo tal qual é, estamos aceitando a Vontade de Deus. Então a sua vontade e a nossa são a mesma vontade.

Alguns não querem ver claro e acham que aceitar é o mesmo que pensar que certas coisas que acontecem são absolutamente boas ou têm de ser reconhecidas como boas. Não.

Podemos ver com a nossa mente ou mesmo com a nossa visão interior que certas coisas não são corretas como acreditamos que poderiam ser. Porém, de fato são assim. E devem ser admitidas como tais. No fundo, cada coisa é boa no nível em que está. É preciso saber vê-lo.

Em outro momento, quando indagamos se existe o mal ou não, vimos que tudo está bem segundo o plano de consciência a partir do qual os fatos são julgados.

Não se pode aceitar com liberdade um fato ou uma situação se o observador está implicado nas causas ou nos efeitos dessa situação. Só um olhar claro, inocente, sem preconceitos, sem comparações, sem condicionamentos e sem pressões pode nos levar a uma aceitação positiva.

A realidade deve ser aceita a partir do fundo, do centro de nós mesmos, e não a partir da mente contaminada e envolvida em tudo quanto chega até ela. E não adianta aceitar passivamente ou com resignação; é preciso aceitar ativa e conscientemente.

Quando analisamos e vivemos a partir do fundo, a partir do "eu" central, tudo se unifica, tudo se harmoniza. A mente, ao contrário, separa e desagrega tudo.

Na medida em que a pessoa vai amadurecendo ou, o que vem a ser o mesmo, na medida em que vai sendo autenticamente ela mesma a partir do âmago do seu ser, tanto mais capacidade ela terá para aceitar e menos tendência para rejeitar.

Se é certo que nos custa aceitar os fatos ou situações desagradáveis, há algo que nos custa muito mais, que é aceitar nossos erros, nossos modos defeituosos de ser e de nos comportar. E essa aceitação talvez seja a mais importante, com a particularidade de que esses modos defeituosos de comportamento não se corrigem lutando contra eles, porém aceitando-os com toda a atenção, reconhecendo-os muito conscientemente.

Estamos constantemente fazendo planos de como deveria ser o mundo, de como deveriam ser os governantes, de como deveriam ser os filhos e os pais. E esquecemos de nos ocupar com a única coisa que deveríamos levar em consideração, que é ver se nós somos de fato nós mesmos em todos os momentos.

Ninguém pode ajudar os demais se ele próprio está precisando da mesma ajuda. Queremos modificar o mundo esquecendo-nos de que somos nós os que mais precisamos dessa mudança.

É curioso observar que, quando despertos e conscientes aceitamos qualquer coisa, por mais desagradável que seja, ela se transforma em algo agradável.

Quando aceitamos que não funcionamos bem, isso provoca de imediato uma espécie de desânimo em nós, porque essa aceitação e esse reconhecimento nos levam a destruir e desmontar o personagem ideal que havíamos criado para nós mesmos; estamos aniquilando o "eu" ideal que gostaríamos de vir a ser.

Embora pareça paradoxal, também é necessário aceitar o que é bom. Quando encontramos algo bom e agradável, costumamos ficar agarrados e apegados a ele. E então também é necessário aceitá-lo e soltá-lo com a mesma facilidade com que o aceitamos. É tão nocivo recusar algo como ficar apegado e agarrado a ele.

A alegria que a aceitação cria não está no objeto, no fato ou na situação aceita, mas no sujeito que aceita, porque com a aceitação se produz a harmonia e a unidade do sujeito com o que foi aceito e, indiretamente, com todas as coisas que nos rodeiam, inclusive as desagradáveis.

Não é exagero dizer que a aceitação transforma todo o nosso modo de viver.

Entre os muitos absurdos da vida da maioria dos crentes está o da não-aceitação.

Não aceitar a vida e as coisas da vida é como dizer: eu aceito Deus, mas não aceito o modo como Ele se manifesta. Não se pode escolher entre Deus e a Vida, porque a vida, com todos os seus aparentes defeitos, é Deus em manifestação.

Não há opção. Só aceitação da Vida tal como ela é, porque foi assim que Deus permitiu e quis que fosse.

Por que viver sempre na eterna luta entre o bem e o mal, entre o agradável e o desagradável?

Quando se vive a partir da unidade de si mesmo não há luta.

A mente é que cria a dualidade e a luta.

Quem vive a partir do seu centro, a partir do seu "eu" central, não precisa escolher. Só existe aceitação consciente, ativa e prazerosa.

Os dois tipos de amor

Às vezes nos encontramos em meio a muitas contradições na nossa vida.

Por um lado, costuma-se dizer que a única coisa importante é amar.

Por outro lado, apesar de ser tão importante, parece que se ama pouco. As injustiças, os ódios, as rivalidades, as guerras, as invejas, as competições desleais... costumam ser muito freqüentes no nosso mundo.

Diz-se também que todo o mundo quer amar e ser amado.

As canções, as novelas, os filmes nos falam de amor...

Porém, por outro lado, existe muita tristeza, muita solidão, muita desilusão amorosa.

O que acontece de fato? Tudo isso não é contraditório? Há alguma explicação para todas essas contradições?

Creio que há uma explicação para esses aparentes absurdos, para essas supostas contradições.

Chamamos pelo mesmo nome coisas muito diferentes.

Há amores e amores. Ou, se você preferir, amores e Amor.

O mundo se mantém por amor. Deus é amor.

Os jovens se procuram... se beijam... por amor.

Homens e mulheres se casam por amor. Paradoxalmente, também se separam por amor.

Vai-se à guerra por amor... Mata-se por amor.

Os homens rivalizam, competem e lutam por amor.

Rouba-se por amor a algo ou a alguém.

Sacrificam-se os próprios gostos e até a própria vida por amor.

Por amor ao êxito muitos trabalham até o esgotamento e até sua própria destruição e morte.

Alguns renunciam às suas lícitas comodidades por um verdadeiro amor a si mesmos e aos demais, ou a Deus.

Por amor a alguns supostos ideais, os terroristas colocam bombas e matam, às vezes indiscriminadamente.

O amor sempre está presente como protagonista, praticamente em todos os aspectos e momentos da vida.

Umas vezes o amor é a vida, a alegria, a felicidade...

Outras vezes é a destruição, o ódio, o esquecimento, o abandono e até a própria morte...

Como se pode entender que o amor seja a causa de acontecimentos tão diferentes?

Evidentemente, o uso da palavra amor costuma ser equivocado. Ou seja, é aplicada muito diversamente.

Vejamos. Num sentido geral, chama-se amor a toda tendência a algo apetecível, a algo que se considera bom, seja bom para a coletividade ou exclusivamente para si mesmo.

Neste sentido, muitas coisas que são boas para alguns muitas vezes costumam ser más para outros. É evidente que, nestes casos, o amor torna-se paradoxal, contraditório em si mesmo e causa de muitos conflitos. O que faz com que pareça que essa aceitação do amor não seja a mais adequada para algo que é ou deve ser sempre causa de felicidade e harmonia.

Neste mesmo sentido, o sentimento amoroso é uma tendência que busca não tanto o bem e a felicidade da outra pessoa, mas a gratificação pessoal. Nesses casos, dizemos que amamos os demais, porém eles não passam de meios ou de intermediários de um amor egoísta cujos derradeiros destinatários somos nós mesmos.

Amar a partir da personalidade é amar de forma egoísta. E o amor egoísta é uma caricatura do amor verdadeiro que, pela sua natureza, é pura doação generosa.

O amor do ser consciente é um sentimento de unidade no qual desaparecem o Eu e o Você. Isso porque o ser consciente sabe que no centro de si mesmo está o outro, tal como ele também está no centro do outro.

Parece-me que muitas coisas que consideramos estranhas e quase inconcebíveis seriam facilmente entendidas se as chamássemos pelo seu nome.

O amor verdadeiro, generoso, profundo, não é nada freqüente, visto que se trata do amor que brota do "eu" central. E não são muitos os que amam a partir do seu centro. O mais freqüente é amar a partir da satisfação sensorial ou, no máximo, a partir dos mecanismos afetivos e emocionais. Então trata-se de um amor superficial e complacente em si mesmo, um disfarce do verdadeiro e generoso amor.

Não devemos estranhar que haja na vida tantas falsificações do amor verdadeiro.

O amor é indispensável para vivermos; porém, como vivemos muito superficialmente, também amamos com amores superficiais ou com falsificações do Amor verdadeiro.

Não se pode pedir que quem vive a partir do seu "eu" inferior ame com o amor autêntico do ser central.

Se mantivéssemos presente isso que estamos dizendo, explicaríamos com facilidade tantas contradições que encontramos na vida diária, tantas coisas contraditórias que se fazem "por amor".

Nosso amor corresponde ao nível de consciência em que estamos nos desenvolvendo. E, segundo seja o nosso amor, serão as manifestações da nossa vida de cada dia.

A qualidade de vida depende da qualidade de amor. E a qualidade de amor depende do nível de consciência em que nossa vida está se desenvolvendo.

É preciso começar melhorando a consciência que temos de nós mesmos e do sentido da vida e tudo o mais virá por acréscimo, como conseqüência lógica.

O sentido do trabalho

Quando transformamos a nossa vida e, em lugar de viver a partir do nosso "eu" inferior, vivemos a partir do nosso centro, do nosso "eu" verdadeiro, muitas coisas adquirem outra cor e outro sentido na vida do dia-a-dia. Uma delas é o sentido do trabalho diário.

Disseram-nos muitas coisas para justificar a obrigação e a necessidade de trabalhar.

Disseram-nos que o trabalho é um castigo pelo pecado original, que temos de trabalhar porque o trabalho enobrece o homem, que temos de trabalhar para sermos úteis à sociedade, etc...

Porém, o certo é que quando a pessoa vai descobrindo o seu próprio Ser, a sua própria natureza, todas as motivações ou explicações do trabalho passam a ser irrelevantes e sem sentido.

A motivação para o trabalho muda de acordo com o grau de desenvolvimento das pessoas.

Em primeiro lugar, vemos que muitas pessoas trabalham simplesmente para ganhar dinheiro, para poder viver ou satisfazer os gostos que o consumismo moderno apresenta e impõe. Esta é uma motivação primária e elementar, porém é a que move todo um contingente de pessoas. Muitas delas não trabalhariam se pudessem realizar seus objetivos por outros meios mais cômodos, inclusive, em muitos casos, até por meios ilícitos.

Em segundo lugar, estão aqueles que trabalham para demonstrar seu valor, para serem filhos dignos de seus pais ou pais dignos de seus filhos, como alguns dizem. Eles pretendem, antes de tudo, ter uma boa equipe de pessoas trabalhadoras e capazes de conseguir muitas coisas que outros não conseguiram. Trata-se de valer mais do que os outros na sociedade. Sua finalidade é um pouco menos materialista do que a dos anteriores. Se aqueles queriam conseguir coisas, estes querem conseguir fama e êxito. Não só querem sobreviver com seu trabalho, mas querem ser respeitados.

Quando se progride no desenvolvimento da consciência, percebe-se que o trabalho tem uma finalidade superior. Vamos percebendo que, por meio do trabalho, podemos expressar aquilo que somos e o que sentimos. Vemos que o trabalho é como um canal pelo qual expressamos nossa capacidade de energia, de inteligência criativa e de generosidade amorosa. Então vemos que não é tanto o trabalho em si que é valioso, mas o amor que se coloca nesse trabalho de expressão do próprio ser. Neste grau de desenvolvimento, a motivação não é exterior a nós, como algo que pretendemos conseguir, mas interior, ou seja, desejamos expressar o que somos no âmago de nós mesmos. Ação e motivação estão unidas. Nada nem ninguém me impõe algo de fora. A ação surge do conhecimento e da compreensão de mim mesmo.

Quando se avança mais um passo, percebemos que o trabalho, além de ser a expressão do nosso potencial, também pode ser de utilidade para os demais. Porém essa utilidade é entendida então como uma afirmação do verdadeiro ser, tanto o dos outros como o nosso. E não como uma complacência dos desejos e caprichos do "eu" inferior. Neste nível, entende-se perfeitamente o que é prestar um serviço aos demais e como servir a partir da afirmação do ser central da própria pessoa. Quando não estamos bem firmes na nossa própria realidade, a única coisa que podemos oferecer e dar aos demais é o vazio, é nada.

Entretanto, há um quinto passo no desenvolvimento que supõe um perfeito amadurecimento. A realização e o amadurecimento da consciência leva-nos a transcender a nós mesmos e aos outros. Percebemos que além de nós mesmos e dos outros existe uma Consciência Pura, uma Inteligência e um Poder Superior que é quem faz tudo. Então tomamos conhecimento de que nós nada mais somos do que o meio através do qual essa Inteligência, esse Poder faz tudo. Ele é, na realidade, o único que verdadeiramente Realiza. Nós devemos nos preocupar apenas em sermos instrumentos aptos e estarmos abertos e disponíveis para a ação de Deus, do Ser.

Chegar a esta etapa de desenvolvimento supõe que se haja amadurecido na compreensão de si mesmo e da própria Vida. Porém não é suficiente, embora já seja muito, ver e entender isso intelectualmente. É preciso que essa convicção seja prática e efetiva na vida diária.

Quem fez dessa convicção uma norma de vida, fica totalmente livre de qualquer inquietação e de qualquer medo. Liberta-se também de todo sentido de culpabilidade do presente e do passado. Quem vive assim, sabe que tudo é como tem de ser, que quando ele faz o que sua consciência lhe dita, o resultado não o preocupa porque sabe que sua missão é ser o que é e fazer o que tem de fazer, sem ter muitos fins ou objetivos preconcebidos.

Está certo que na prática podem surgir dúvidas em algum momento ou em certas situações concretas. Porém, também é certo que quando se está nesse nível de desenvolvimento, a Vida ou a voz interior vão assinalando o que é mais adequado para cada momento. Quando não estamos atados ou condicionados pelas coisas, a Vida ou a vontade de Deus nos levam pelo caminho mais adequado. Os problemas surgem quando estamos condicionados ou somos dirigidos por motivações exteriores. É então que se cometem erros e falsidades.

Se estivermos conscientes de nossas capacidades, veremos que não é tão estranho assim sentirmo-nos como canais para a ação do Ser ou de Deus em todos os momentos.

Enquanto uma pessoa viver dependendo exclusivamente do seu ser existencial, o trabalho lhe parecerá um castigo e um fardo.

Se estivermos conscientes de nós mesmos, qualquer instante de qualquer trabalho será sempre um prazer renovado.

Você é felicidade

Por que você busca isto ou aquilo, aqui ou ali, para ser feliz?

Aquele meu amigo estava ficando louco, buscando seus óculos por toda casa, quando eles já estavam diante de seus próprios olhos.

É exatamente o que acontece todos os dias conosco. Buscamos e rebuscamos o que temos diante de nós, dentro de nós.

Este é um dos erros graves em que estamos mergulhados e do qual muito poucos estão dispostos a sair, porque são muito poucos os que acreditam no que estamos dizendo.

Se uma pessoa tem uma grande fortuna numa conta de banco, porém vive pobremente porque sempre acreditou que é pobre e assim lhe disseram durante toda a sua vida, achará difícil acreditar que é rico se alguém algum dia lhe afirmar que é.

Alguém me dirá: "Mas, como vou acreditar que tenho ou que sou a felicidade se me sinto tão infeliz tantas vezes na minha vida?" Eu respondo que você não tem de acreditar em mim, nem em ninguém. Só é necessário que você veja por si mesmo e examine pessoalmente o que acontece e o que existe em você.

É um erro gravíssimo acreditar que a felicidade nos chega de fora, de algo exterior a nós mesmos. E esse erro está tão profundamente arraigado na nossa mente e no nosso modo de pensar que muitas pessoas acharão difícil aceitar o que estou dizendo.

Na nossa vida vivemos muitos momentos de prazer, de alegria, de felicidade. Pois bem, todo esse prazer, toda essa alegria, toda essa felicidade nós sentimos porque já estão em nós. Mais ainda: nossa natureza consiste nessa plenitude, nessa felicidade. E quando não sentimos a felicidade, isso se deve exclusivamente ao fato de estarmos ausentes do que somos, de não vivermos o que já somos.

Quando se está esperando que alguém ou alguma coisa nos dê felicidade, nos parecemos com aquele milionário que pede esmolas na rua e que deseja que ponham algumas moedas insignificantes em suas mãos para se sentir feliz.

É neste erro de base que se originam quase todas as nossas desilusões, frustrações e depressões. Estamos sempre ansiosamente dependentes de algo que queremos conseguir ou que alguém nos deve dar e que esperamos que nos dê para sermos felizes; sentimos tristeza e frustração quando isso não chega, ou talvez nos chegue de uma direção contrária à que esperávamos.

Embora possa parecer exagerado para alguns, é completamente certo e evidente que temos de mudar o eixo de orientação da nossa vida dando uma volta de cento e oitenta graus se quisermos ser felizes. Em vez de observar e buscar fora, temos de observar e buscar dentro. O trajeto da felicidade não é de fora para dentro mas de dentro para fora.

Costuma-se dizer que nesta vida não se pode ser completamente feliz. Isso é absolutamente falso.

O que ocorre é que, como acreditamos que a felicidade é algo assim como um recipiente que deve encher-se de coisas e como não podemos enchê-lo completamente dessas coisas porque não podemos conseguir todas as que cabem nesse recipiente, chegamos a dizer e a pensar que essa afirmação absurda e generalizada é verdadeira. Basta que nos demos conta do que somos e veremos que não temos de receber nada, que já somos tudo, que já temos mais do que podemos desejar.

Pode-se argumentar que são poucos os que chegam a dar-se conta do que são e se sentem felizes. Porém, bastaria que uma única pessoa o fosse para ratificar o que estamos dizendo. Porém, afortunadamente, não é uma só pessoa a que vive sendo quem é. São muitas.

É curioso e paradoxal chamar a atenção para o fato de, para a nossa sociedade cristã, ao menos teoricamente, isto que estamos dizendo parecer uma utopia, quando o próprio Cristo disse claramente que o reino dos céus está dentro de nós.

O céu não é, portanto, algo que temos de conseguir depois de mortos, mas sim algo que já está em nós. E não é e nem consiste em nada que possamos conseguir de fora, pois ele já está em nós, tenhamos ou não coisas de fora.

O que acontece é que acreditamos que a felicidade consiste em conseguir algo e quando não podemos obter esse algo, como as coisas desta vida, ficamos na ilusão de que elas nos serão dadas na vida depois da morte. E então ninguém nos dará nada. O que acontecerá então é que desaparecerá a ignorância da nossa mente, ignorância em que estamos mergulhados agora. E deixando de existir os limites dos sentidos e da mente, veremos Deus face a face, o que é o mesmo que ver o Deus que vive em nós.

O reino dos céus, que existe agora em nós, nós o veremos e desfrutaremos sem as limitações do nosso corpo, sem as obscuridades da nossa mente, sem as pequenezas individuais do nosso ego.

Então não seremos mais ignorantes, mas desaparecerá a ignorância, desaparecerão os véus que nos impedem agora de ver, de gozar e de ser o que somos. A morte, portanto, é a libertadora da nossa ignorância e das limitações que nos impedem de ver, de gozar e de ser. Por isso, os que se liberam agora, nesta vida presente, da ignorância e das limitações que a mente nos impõe e chegam a VER e compreender o que somos, sabem que já somos plenitude e nada nem ninguém pode nos dar a felicidade, porque já somos toda a felicidade que podemos chegar a sonhar. Essa é a verdadeira libertação, essa é a verdadeira realização humana: libertar-se da ignorância sobre si mesmo e ver e viver a Realidade que os homens já são.

Enquanto não nos convencermos de que para sermos e nos sentirmos felizes nada nos falta, absolutamente nada, além de nos darmos conta daquilo que somos, não só intelectualmente mas vivencialmente, jamais poderemos gozar profundamente a verdadeira felicidade.

Nossa vida atual está baseada em certos condicionamentos mentais. Pensamos que o dia em que se cumprirem esses condicionamentos seremos felizes. Se eu encontrar o trabalho que quero e do qual gosto, se eu conseguir determinada situação econômica, se tal ou qual pessoa chegar a me amar como desejo, se eu conseguir ter a fama ou o prestígio que busco, se tiver a casa ou as coisas que gostaria de ter, se puder comprar o automóvel que desejei durante toda a vida, se tiver boa saúde e se minha família estiver reunida ao meu redor... se...

Infinitas condições que nunca se concretizarão todas juntas. Mas mesmo que se concretizassem, sempre teríamos a espada de Dámocles pendente sobre a nossa cabeça, de que tudo isso poderia se perder, quebrar-se em qualquer momento, sempre subordinados a algo que não depende inteiramente de nós, mas de infinitas circunstâncias exteriores. É penoso vermo-nos mendigando constantemente da vida as migalhas que caem da mesa, sendo nós mesmos os donos do banquete.

Vivemos segundo certos condicionamentos mentais que nos foram impostos desde crianças. Ensinaram-nos uma hierarquia de valores em cuja cúspide está ter bens materiais, fama, prestígio... e chegamos a acreditar que alcançar essa meta é ser feliz.

Alguns povos orientais não eram assim, até que foram contaminados pela mentalidade ocidental.

Eu me recordo daquele santo pobremente vestido à porta de um templo. Seu rosto era o verdadeiro reflexo da felicidade. Não tinha nada, mas era feliz porque sabia que ele já era a felicidade. Estou ouvindo as objeções dos que se julgam muito progressistas e adiantados. Ouço-os dizer que essas pessoas ou esses povos não evoluíram e ficaram mergulhados na miséria devido a essa atitude de falta de ambição e competência. Não é nada disso. Porém, ainda que assim fosse, acaso a finalidade do progresso técnico e material é dar ao homem mais felicidade? Eles já a têm sem precisarem desse endeusamento do progresso.

Não se trata, porém, de colocar felicidade e progresso um contra o outro. Trata-se de ver e compreender que a felicidade não vai a reboque do progresso técnico-material. Trata-se de ver claramente o que é um fim e o que é um meio relativamente útil, embora não necessário e muito menos imprescindível. Trata-se de libertar-se da escravidão dos condicionamentos absurdos e falsos para chegar a ser feliz. Trata-se de ver e de ser o que se é. Trata-se de ver que isso é a primeira coisa que importa e que tudo o mais deve vir a reboque do que é primeiro, e não o contrário. Trata-se de ver agora, na condição atual, se nos sentimos felizes ou infelizes dependendo de certas idéias instáveis, quando somos uma realidade e as idéias nem sequer são isso. São unicamente idéias que, da mesma forma que podem ser de felicidade, também podem ser de infelicidade.

É lamentável que estejamos constantemente dependendo das idéias que chegam a ocupar a nossa mente para sermos felizes ou infelizes. Recebemos uma boa notícia e nos sentimos felizes. Desmentem-na e afirmam o contrário, e ficamos abatidos. E assim andamos de um lado para outro arrastados por meras palavras ou idéias cambiantes e volúveis.

Isso equivale a dizer que a felicidade está onde está, dentro de nós. Mas sua porta ficará fechada enquanto existirem os bloqueios mentais que nos impedem de gozá-la diretamente. No dia em que nos livrarmos dos condicionamentos mentais poderemos contatar diretamente a realidade prazerosa que somos.

Costuma-se dizer com freqüência, como uma descoberta extraordinária, que, assim como é a nossa mente, assim será a nossa vida, ou também que somos o que são as nossas idéias. Isto é o que costuma acontecer. Porém, não é de nenhum modo o que deveria ser, se sempre estivéssemos conscientes do que somos.

Quase todos os métodos mentais se destinam a mudar o nosso modo de pensar. Pretende-se mudar a mentalidade que chamam de negativa para uma mentalidade positiva. E, certamente, acontece uma modificação no modo de pensar e de viver. Ou seja, trata-se de uma melhora mental que provoca uma melhora no modo de pensar e de sentir-se. Contudo, ainda supondo que essas idéias instáveis durarão toda a vida, temos de convir que estamos vivendo baseados em algo ideal, e não em algo real. E, certamente, estaremos sempre sujeitos a que qualquer leve brisa carregue essas idéias para longe, deixando-nos desmantelados no nosso ilusório mundo mental.

Enquanto eu viver de idéias sobre mim mesmo, em vez de viver diretamente o que sou, estou me enganando, por mais bem-intencionados, belos e agradáveis que sejam esses enganos.

Nenhuma idéia pode suprir nem remotamente a realidade. Por isso existem várias posturas diante deste problema:

Uns não chegam a entender tudo isto, nem mesmo intelectualmente, porque sua mente está demasiado condicionada por outras idéias.

Outros entendem intelectualmente, porém como uma teoria, simplesmente.

Outros vêem com clareza. Sabem que isso é assim e que não pode ser de outra maneira. Porém, a força do hábito de viver como todos e como sempre viveram faz com que tudo não passe de um conhecimento intelectual e teórico.

Outros não somente o vêem e compreendem, mas também o vão vivendo, embora sejam de vez em quando interrompidos por perdas ou condicionamentos externos.

E outros, finalmente, vivem-no em toda a sua extensão e com todas as conseqüências. São as pessoas realizadas. São as pessoas autenticamente felizes. Estas não são necessariamente pessoas cultas ou participantes de certos movimentos espirituais. São pessoas simples que souberam abrir-se à sabedoria interior e esta já se tornou presente nelas. Qualquer um pode ser uma dessas pessoas. Só falta ter uma aspiração sincera, profunda, verdadeira, desinteressada e isenta de fins ruins e egoístas para conhecer a verdade de nós mesmos, dando precedência a este desejo sobre qualquer outro, por mais importante e sadio que pareça.

Quando atingimos a verdade de nós mesmos, nos damos conta de que não precisamos buscar nada fora para sermos felizes, porque já o somos.

Então percebemos que tudo o que chamamos de nosso interior, como a nossa mente consciente ou inconsciente, não é senão um mecanismo mais ou menos útil, mais ou menos influente, porém não o nosso verdadeiro ser, nossa verdadeira realidade central, que é o único Ser, a única Realidade, o próprio Deus, como costumamos chamá-lo.

Assim percebemos que o problema de ser feliz ou não depende de saber onde está a felicidade.

O estar mais ou menos satisfeito na vida depende de ter mais ou menos coisas, talvez. Porém isso não é a felicidade.

Só quando virmos com clareza que ninguém nem nada vai nos dar o que já somos, poderemos sentir a felicidade que somos.

O que fazer pelos semelhantes?

Educaram-nos segundo a norma de que devemos ser bons com os outros e de que devemos ajudar o próximo. Disseram-nos, inclusive, que o melhor meio de sermos felizes é fazendo felizes os nossos semelhantes. Também nos disseram que o melhor modo de crescer como pessoas é ajudando os outros.

Tudo isso está muito bem, embora costume haver aí um erro de base que é o fato de, quase sempre, o derradeiro destinatário de nossos serviços ser nós mesmos. É comum ouvir que é preciso servir pela simples satisfação de servir. E se você não chegar a sentir satisfação, continuará servindo?

Outros servem para alcançar o céu que, em última análise, é outra maneira interesseira de servir.

Porém, a dificuldade do problema não está aí.

A experiência nos diz que muitas vezes tratamos de fazer um bem a alguém e que o que acreditávamos que iria ser um bem resultou em prejuízo.

Lembro-me daquele amigo que ao observar que um grupo de famílias que ele visitava vivia em casas muito pobres, dedicou-se a construir-lhes outras, novas. Até então, todos haviam sido muito bons amigos e viviam numa singeleza fraternal e cristã; porém, quando se viram morando em casas de melhor categoria, a ambição, a inveja e o orgulho começaram a se albergar em seus corações e aquela harmoniosa e pacífica vida anterior se converteu numa tensão e numa rivalidade constantes.

Para ajudar os outros é preciso saber qual é o maior bem que lhes podemos fazer.

É evidente que, em casos de extrema necessidade de sobrevivência, o imediato e mais urgente será ajudá-los a sobreviver. Porém, além desses casos extremos, o maior bem que podemos fazer aos demais é o mesmo que devemos fazer por nós mesmos. Ou seja, compreender e fazê-los compreender o sentido da nossa existência, o sentido do sofrimento e das penas que a vida nos impõe. É preciso ver e fazê-los ver que tudo existe por alguma razão, que tudo quanto ocorre na nossa vida tem um sentido didático. Depois que fizermos o que tivermos de fazer, o que acontece é exatamente o que tem de acontecer. E se tivermos feito o que tínhamos de fazer, ou deixarmos de fazer o que deveríamos ter feito, o que acontecer também será o que procuramos com a nossa ação ou omissão.

Tudo é como tem de ser, e entender e compreender isso é o maior bem para uma pessoa. Então, passamos a ter uma atitude de aceitação ativa, inteligente, corajosa e alentadora.

Nós, como os demais, recebemos o maior bem quando COMPREENDEMOS e entendemos o sentido da nossa vida e dos acontecimentos, e não quando simplesmente eliminamos dores ou problemas físicos, embora estes sejam, no momento, os que mais nos costumam preocupar enquanto vivemos num nível elementar de consciência.

À medida que formos tendo uma maior e melhor consciência de nós mesmos, teremos também uma melhor perspectiva do que é mais útil e necessário para os demais.

As dúvidas e vacilações sobre o que devemos fazer sempre decorrem de um nível baixo e deficiente de consciência.

O sentimento interior nos fará valorizar o que é importante como importante e o secundário como secundário.

O melhor que podemos fazer pelas outras pessoas é sermos autenticamente nós mesmos, é fazer o que é melhor para nós mesmos, sendo muito conscientes do que é primordial e do que é secundário. Só então veremos com clareza o que devemos fazer pelos outros em cada situação, e o faremos com honestidade, sem buscar nenhuma satisfação em servir: pois primeiro faremos o que é importante e depois o que é secundário.

Costumamos nos perder nas palavras. Fala-se muito do que se tem de fazer pelos semelhantes. Enquanto acreditarmos que a nossa parte principal é o corpo com o qual vivemos, concentraremos todas as nossas atividades exclusivamente na solução dos problemas relacionados com o corpo. Não vamos mais além, porque não transcendemos o corpo.

Algumas pessoas podem acreditar que estou sendo ingênuo, mas não. Eu sei que enquanto vivemos com este corpo temos de atender às suas necessidades. Porém, enquanto não olharmos para os outros a partir do centro de nós mesmos, é difícil saber o que fazer e como fazer algo verdadeiramente útil pelos demais.

Faça por si mesmo o que for urgente, que é viver a partir de você mesmo, e então você verá em cada situação da sua vida o que deve fazer pelos demais.

Discutir ou compreender?

Em todos os aborrecimentos, lutas, discussões, cada pessoa acredita que a outra é culpada, que a outra é que não entende, que não tem razão.

Porém, quanto maior é o conhecimento, a compreensão e a consciência de nós mesmos, mais e melhor vemos as razões e os motivos de pensar e de agir da outra pessoa. E quando vemos e compreendemos, não discutimos. E quando discutimos, é porque não compreendemos. E se não compreendemos, tampouco podemos dizer que o outro não tem razão.

O certo é que, na medida em que a nossa compreensão dos fatos e das pessoas aumenta, menos discutimos, inclusive nos casos em que o outro comete um erro. Porque nesse caso sabemos que o outro não sanará o erro com discussões, mas com a informação e a compreensão. E essas não se obtêm com discussões.

Um psicólogo importante e insigne falou acerca da necessidade de um diálogo compreensivo, e que devemos tratar de nos colocar na situação do outro. Por mais bonito e acertado que pareça esse conselho, é impossível colocarmo-nos na posição da outra pessoa. Cada um é cada um e por mais esforços que façamos nunca poderemos nos colocar no lugar da outra pessoa. O que se pode e se deve fazer é levar em consideração que a outra pessoa tem algumas razões que não compreendemos, mas que são ou podem ser tão válidas quanto as nossas, ou mais.

Ao contrário, discutir é um sinal de que não conhecemos nem compreendemos os motivos que a outra pessoa possa ter, e portanto, sem compreendê-los, tampouco temos razão para discutir, para debater.

Quando analisamos as coisas com a visão limitada da nossa mente, com seus próprios interesses e condicionamentos, não podemos estar abertos às razões e aos interesses dos outros.

Só quando observo e vejo a partir da minha consciência interior, que é superior à minha mente e aos meus sentidos, visto que não está condicionada por nenhum interesse individual mas pela Verdade em si mesma, percebo não só os meus motivos mas também a Razão e a Verdade, estejam elas onde estiverem.

Portanto, o problema está no fato de vivermos os acontecimentos, não a partir de nós mesmos, mas a partir de uma idéia parcial, individual, egocêntrica de nós mesmos. Esta é uma visão, uma posição raquítica, míope, que nos impede de ver bem todo o problema, toda a sua complexidade.

Com uma visão assim limitada, não podemos ter razão, visto que vemos somente os nossos interesses, o nosso lado da questão, os nossos motivos, as nossas razões parciais.

O fundo do problema, portanto, é que temos uma idéia errônea e falsa sobre nós mesmos. Vemos em nós o que nos distingue e separa e não o que é semelhante e nos une.

O que nos une é o essencial. O que nos separa e distingue é o acidental.

Tratamos uns aos outros de maneira superficial, acidental, através do que é secundário.

Quanto mais desenvolvida a pessoa for, quanto mais elevado o seu nível de consciência, melhor compreenderá os outros.

Embora a pessoa desenvolvida não se deixe afetar por ninharias, ela sabe e está consciente de que as pessoas em outros níveis de consciência e desenvolvimento podem ser atingidas por certas coisas que ela trata de evitar, para não ofendê-las.

A pessoa evoluída sabe que não tem de exigir dos outros o que exige de si mesma, visto que as exigências e possibilidades de cada um dependem do nível de desenvolvimento da consciência em que se encontrem.

Quando duas pessoas têm um baixo nível de consciência, as discussões são freqüentes.

Basta que uma das pessoas tenha um bom nível de desenvolvimento para as discussões desaparecerem.

Nisso observa-se uma proporção inversa muito evidente: quanto maior o nível de consciência, menos discussões; quanto menor o nível de consciência, mais discussões.

Usando termos mais conhecidos, diríamos que quanto maior a maturidade, tanto menos discussões. E vive-versa.

Por que há guerras?

As guerras absurdas aniquilaram povos, raças, famílias e indivíduos.

As guerras costumam ser declaradas, via de regra, por personagens ambiciosos e extremamente orgulhosos.

As pequenas guerras entre famílias e pessoas têm uma origem parecida e algumas causas semelhantes: a ambição, o egoísmo, o orgulho, a intransigência e a incompreensão.

Diante destes fatos, poderíamos nos fazer esta pergunta: como é possível que, sendo o ser interior da pessoa uma energia amorosa e inteligente, ocorram esses atos de egoísmo, de ignorância, de desamor e de vandalismo?

Todos os seres humanos são UNOS na Realidade profunda e básica.

No entanto, entre o eu central de cada pessoa e o corpo existe uma estrutura ideal e conceitual pela qual nos distinguimos uns dos outros. Essa estrutura não tem realidade. É apenas uma idéia que cada um tem sobre si mesmo e sobre os demais. Por causa dessa idéia de individualidade vamos formando a idéia de que "Eu não sou o outro".

Mas não é só isso. Costumamos elaborar a idéia de que tudo aquilo que não favorece o meu "ego" individual ou, o que vem a ser a mesma coisa, essa idéia que tenho de mim mesmo, é mau e tenho de evitá-lo a todo custo. É isso o que ocorre na vida cotidiana: todos aqueles que não favorecem os meus gostos e ambições são meus inimigos e rivais. A partir desse momento, declaro guerra a todas as pessoas que acredito constituem obstáculos para a concretização de meus desejos e ambições.

A partir desse momento, de uma ou de outra maneira, tratamos de eliminar nossos inimigos física, moral, social ou psicologicamente.

É conveniente ver que é preciso desmascarar a causa direta de todos os nossos rancores, mal-estares, ressentimentos, rivalidades, ódios, confrontos, desamores e todo tipo de tensão com os que nos rodeiam. E essa causa é o "ego" ou a idéia que fazemos de nós mesmos e que busca sempre e em tudo satisfazer sua ambição, sua vaidade e sua estupidezególatra.

Esse ego existe e vive em cada ser humano embora sua influência ou intervenção na vida seja muito diferente de pessoa para pessoa, conforme o grau de desenvolvimento e evolução de cada um.

Em princípio, o ego é individual. No entanto, costuma disfarçar-se de religiosidade, de patriotismo, de altruísmo, de racismo, etc., etc.

Esses egos individuais ou coletivos, personagenzinhos envaidecidos e ambiciosos, vêem e acreditam que há inimigos por toda parte. É então que surgem os conflitos e as guerras, a destruição e a morte.

Como vemos, o desamor, a guerra e a morte não partem de nós, mas de algo que se cria em nós e que não passa de uma estrutura mental, de uma idéia falsa sobre nós mesmos, que substitui e suplanta a nossa verdadeira realidade, o nosso verdadeiro "eu".

A nossa verdadeira realidade não é aquela que discute, se zanga, se debate e cria inimizades. Não.

O nosso verdadeiro ser é inteligente e amoroso.

Nosso ego raquítico é que é ambicioso, ignorante e vaidoso.

Aprofundando-nos um pouco mais, podemos dizer que não é a existência do ego em si mesma a causa dos nossos males, mas a nossa inconsciência, que permite que o ego tome as rédeas da nossa vida.

Temos de aceitar a existência do ego na nossa vida. Contudo, devemos e podemos impedir que ele tome um lugar e uma relevância que não lhe correspondem.

Quando a nossa vida é controlada e governada pelas tendências e exigências ambiciosas e individualistas do ego, começamos a tornar-nos inimigos e a separar-nos dos demais.

O mal, portanto, está na ignorância, na inconsciência do que realmente somos, e em viver defendendo algo que nada mais é do que uma sombra, um idéia raquítica de nós mesmos.

Se estivermos conscientes de que em nós existe essa idéia, esse eu inferior que quer entronizar-se em nossa vida, podemos impedi-lo de agir e colocá-lo no lugar que lhe compete.

Nossa vida deveria ser um fluxo espontâneo e natural do amor que somos no centro e na essência de nós mesmos. Contudo, o interesse pequeno e egocêntrico do nosso ego individual se interpõe, e o que deveria ser amor generoso se converte em desamor egoísta.

Conhecermo-nos em profundidade significa conhecer o que somos e o que aparece em nós como o nosso "eu" verdadeiro, quando na realidade trata-se de um "eu" falso.

Reconhecer o que há de verdadeiro e de falso em nós é o ponto de partida para saber quem é quem e o que é o quê.

Observar se vivemos a partir da fonte do amor ou da fonte do desamor e do ódio é o princípio que deve nos orientar para podermos dar novos rumos à nossa vida.

Desse discernimento entre o eu verdadeiro e o falso deve surgir a escolha consciente dos impulsos luminosos e criativos do eu verdadeiro e a precaução para não sermos induzidos na direção ególatra, ambiciosa, individualista e má do eu inferior.

Se tivéssemos um sentido razoável de discernimento, nos daríamos conta de que há muita diferença entre ser controlado por uma entidade real, fonte de toda a consciência e de todo o amor, e estar vivendo às custas de um subproduto da nossa consciência que se mantém precariamente graças a algumas idéias instáveis e mutáveis. Toda a nossa vida é a nossa consciência.

A nossa consciência é a luz que procede do eu real.

Por que viver dependendo de um subproduto instável de idéias, se somos a fonte da energia, da inteligência e do amor?

É claro que são apresentadas causas políticas, econômicas e sociais... nas declarações de guerra. Porém, se analisarmos bem as coisas, veremos que por trás de todas essas causas e motivos políticos, patrióticos, etc., há um motivo básico, que não é outro senão a ambição, o desejo de poder e de glória, o ódio e a vingança, todos frutos do erro em que se costuma viver, ignorando a verdadeira natureza do ser humano.

Há guerras porque não sabemos com clareza o que somos no centro de nós mesmos.

Por que não sair dessa calamitosa ignorância?

Ser importante e ter êxito

Freqüentemente, ouvimos e lemos que é preciso ter uma grande personalidade. Foi o que nos ensinaram em nossos anos de estudo.

Porém, o que não nos ensinaram é que ter uma personalidade forte, tal como se costuma entender isso habitualmente, implica a existência de um "ego" forte.

Ensinaram-nos a exercitar nosso ego numa constante e acirrada competição em todos os níveis dos campos científico, esportivo, econômico, social, etc...

Incentivaram-nos a ser vencedores, pessoas triunfantes, dominadoras e influentes sobre os demais.

E mais ainda. Apresentaram-nos como exemplos e modelos a serem seguidos pessoas que triunfaram às custas de tudo e de todos, conseguindo seus objetivos de êxito econômico, social, industrial, artístico...

Essas pessoas são consideradas e apresentadas como exemplos que devem ser seguidos para construir-se uma sociedade progressista, desenvolvida e bem-sucedida.

E, por certo, vemos que graças a esses homens e mulheres, sem muito escrúpulo no que se refere à conquista de suas metas e à escalada de postos na sociedade, foram progredindo a economia, a tecnologia, as artes...

Assim temos identificado o bem com o que traz progressos e êxito, e o mal e o inútil com o que não leva ao progresso e ao êxito.

Foi assim que se criou uma idéia da pessoa importante, elevada, bem-sucedida e triunfante, e outra da pessoa vulgar, inofensiva, perdedora e desimportante.

Chegar a realizar a idéia triunfante é o objetivo da maioria das pessoas, cada uma em seu próprio ambiente e nível.

Vemos, pois, que a maioria das pessoas vive constantemente girando e movimentando-se movidas pelos impulsos provocados por essas idéias e por esse objetivo: chegar a ser importante, triunfar na vida, ficar acima dos semelhantes.

Nessa luta para ser mais do que os outros não existem barreiras para se conseguir o objetivo. Todos querem subir ao topo às custas seja lá de quem for. Não há escrúpulos em pisar e escravizar os demais.

O chamado desenvolvimento econômico e social às custas de injustiças e de atropelos não me parece muito adequado como motivo de orgulho quanto ao progresso moderno.

Esta é a filosofia, este é o pensamento do nosso mundo ocidental: competir para ser e ter mais do que os outros. Os efeitos dessa filosofia são visíveis. Colhemos o que plantamos. Não nos podemos queixar.

Em contrapartida a essa educação e a essa filosofia de vida ocidental, temos os ensinamentos dos mestres do ser interior, que mostram que o objetivo do homem não consiste tanto em fazer e conseguir cada vez mais coisas e ter êxito, ou obter reconhecimento exterior, porém em ser consciente de todas as suas capacidades e desenvolvê-las em harmonia e ordem interior, não para ser mais do que os outros, mas para ser mais autêntico.

Para as pessoas que conhecem com verdadeira sabedoria o sentido de suas vidas, o êxito, o aplauso e o reconhecimento externo são totalmente irrelevantes, desnecessários.

Essas pessoas não escalam postos pisando sobre os outros, competindo ou dominando os demais.

Essas pessoas não tentam conseguir ter uma personalidade forte ou um ego triunfante.

Elas sabem que enquanto o idolátrico "eu" interior não for destruído e relegado ao seu lugar, o verdadeiro "Eu" não poderá brilhar. E elas têm um único objetivo: viver a partir do seu "eu" verdadeiro, da sua realidade autêntica; viver a verdade de si mesmas e não o engano do seu eu falso e irreal.

Essas pessoas costumam ser um estorvo para muitos porque são uma denúncia viva do engano, da mentira e da hipocrisia com que se costuma desenrolar quase toda a vida social e política.

Essas pessoas não chegarão a ficar importantes, ocupando postos de influência e de poder, mas são as autenticamente importantes no mundo. E graças a elas, o nosso mundo é um lugar um pouco mais humano, apesar de tudo.

Carta a uma mulher
que queria ser feliz

Querida amiga:
Recebi a sua carta, pela qual vejo que você anda muito ocupada com seus afazeres. Você me diz que está contente com o que está fazendo. Muito bem. Mas eu lhe pergunto: Também estaria contente se não fizesse isso, mas uma outra coisa bem diferente? Porque ouvi muitas pessoas dizerem, e acho que você também ouviu, que quando não fazem aquilo de que gostam sentem-se mal, sentem-se infelizes. Parece que isso é muito normal e lógico. E, sem dúvida, é o mais comum e o que mais acontece. Porém eu lhe asseguro que não é assim que deve ser.

Você acredita que a felicidade pode consistir em fazer isto ou aquilo? A felicidade não consiste em nada. A felicidade É. Você é felicidade. Basta que você a encontre e se encontre.

A felicidade não está em função de nada que muda ou seja volúvel, como por exemplo o trabalho que temos. A felicidade é o estado de ser o que se É.

Eu lhe direi de forma mais explícita. A felicidade ou, o que é a mesma coisa, o sentimento de plenitude profunda e indefectível, se firma ou se encontra no fato de você ser o que você é, no fato de você estar consciente de que está sendo, na sua vida, a expressão da capacidade que você tem. Saber que você é você mesma quer dizer que você sabe que tem tudo o que pode ter e que é tudo quanto pode chegar a ser. Você já é isso em potencial. Ninguém tem de lhe dar nada. Você é uma potencialidade que está esperando para ser posta em ação. E isso só você pode e deve fazer. É o mesmo que você estar fazendo esse trabalho de que gosta tanto como se passasse o dia lavando pratos e esfregando a roupa.

Quando você for de fato você mesma, encontrará em você mesma os seus seres mais queridos. Sua ausência física será uma piada sem muito sentido porque, dentro de você, você os sentirá e amará ternamente, com um ámor autêntico, sem cilada e sem artifícios. Quando você for de fato você mesma, perceberá que não lhe falta nada, que tudo está em você.

Claro que se você analisar o que estou dizendo com a mente carregada e atribulada pelas idéias vulgares com que costumamos viver, pensará que isso é belo porém inalcançável.

Eu estou lhe contando o que você experimentará e sentirá quando se decidir a viver por si mesma, independentemente do fato de saber se o que você faz externamente é ou não do agrado do seu exigente ego superficial.

Ser você mesma não quer dizer que você aja contra tudo e contra todos, levada pelo impulso de certos gostos e idéias que lhe parecem muito seus, mas que na maioria das vezes são caprichos instáveis e egoístas.

Ser você mesma não significa viver e ficar indiferente aos outros, desejando ter e aparentar uma personalidade que se destaque e cative. Essa seria a melhor maneira de inflar o seu estúpido ego, que é uma ridícula caricatura do seu verdadeiro ser.

Ser você mesma, ao contrário, significa ter consciência de que, além do seu corpo mutável e corruptível, além de suas idéias em constante mutação e flutuação, você é algo permanente. Você é esse algo que vê, esse algo que ama, esse algo que age, fonte e origem de tudo quanto você faz, percebe e sente.

Quando você toma consciência de si mesma, percebe que você é o fator mais importante da sua vida. Você, e não as suas coisas, os seus gostos, as suas ambições, ou as suas vaidades e êxitos, os seus interesses, ou os seus sonhos. E em si mesma você encontrará os outros e o Ser que é Uno com você e com os outros.

Quando você for autêntica, perceberá que aquilo que torna você, eu e os outros diferentes não tem muita importância, que nossas personalidades, às quais damos tanta importância, são maneiras diferentes através das quais o mesmo Ser pelo qual vivemos e existimos,

Deus, se manifesta. Então você tomará conhecimento de que o perfume e a beleza das flores se reveste com infinitas formas e cores.

Sim. Eu sei que esta carta não é uma carta muito comum; porém, como sei que você é uma ansiosa buscadora da felicidade, eu ficaria com pena se você a buscasse onde não a iria encontrar. Sei também que você me entende porque algumas vezes agradeceu as fitas e as gravações que lhe dou com as minhas palestras.

Pela sua carta vejo que está muito ocupada com as exposições que faz e com todos os trabalhos que isso acarreta.

Não acho que viver tão absorta pelas suas atividades seja proveitoso. Porém, não lhe peço para renunciar a elas. Viva com as suas atividades, porém não se deixe levar pelo excesso. Aprenda com o barco. Ele está no mar, navega no mar, porém se o mar o inundar ele desaparece sob as suas águas.

Tanto a avidez pelo trabalho como a recusa em trabalhar são duas faces da mesma moeda. Ambas as atitudes prendem e escravizam. Ambas a afastam de você mesma.

Se você for você mesma, perceberá que não precisa de nada. Mas, como vivemos esta vida temos de fazer certas coisas e satisfazer certas necessidades. A inteligência que você é lhe dirá o modo mais adequado de cumprir com as suas obrigações. Não é preciso recusar nada nesta vida. O desnecessário deixa de ter valor e peso por si mesmo sem que precisemos renegá-lo.

Se é verdade que a sua felicidade não está em nada do que você faz ou pode fazer, também é certo que não está em nada que possa recusar porque só está em você e você não é a ação nem a recusa.

Eu sei que, como todo ser humano, você quer ser feliz. No entanto, seria bom que você não tivesse a felicidade como o objetivo da sua vida. Seja você mesma em tudo o que fizer e a felicidade a acompanhará. Esqueça-se de buscá-la. Quando você se encontrar, você também a encontrará.

A você não tenho de dizer, visto que já o sabe muito bem, que jamais encontrará a felicidade em alguma coisa fora de si mesma.

Um dia você me disse que havia encontrado a felicidade. Lembra-se? Quando encontrou aquele senhor que a fascinou e a deixou nocauteada.

Você ficou encantada, enfeitiçada, enamorada, durante alguns meses. Você me contava maravilhas sobre esse príncipe encantado. Você me falou tanto sobre ele que quase cheguei a acreditar no que você me dizia. Naquele tempo, você pensava ter encontrado a felicidade, como se a felicidade estivesse personificada e se reduzisse àquele senhor.

Como você se iludiu, e como se desiludiu. Você o via não como ele era, mas como queria que ele fosse. Você via aquele homem como um tesouro de perfeição. Aos que se empenhavam em fazê-la ver os defeitos humanos normais daquele homem, você tratava de convencê-los de como estavam errados, como se o seu amado fosse uma exceção entre todos os homens. Para você, os seus defeitos mais evidentes eram qualidades e virtudes. Você o idealizou tanto que o via através do ideal da sua mente.

A desilusão não demorou a chegar.

Assim que ele contrariou o seu ego pessoal, você começou a acreditar que ele havia mudado. Ele era ele mesmo e continuava sendo o mesmo.

Bastaram algumas alfinetadas na sua dissimulada vaidade e o seu ídolo começou a desmoronar. Então a situação se inverteu. Você começou a ver nele somente defeitos, inclusive naquelas atitudes normais e habituais comuns a todas as pessoas.

Tudo aconteceu em poucos meses. Você se desiludiu com a mesma facilidade com que se iludiu.

Faço-a lembrar-se de tudo isto para que agora, com calma, veja que as ilusões obsessivas são um mau atalho para chegar-se à felicidade.

A verdadeira felicidade só a encontramos pelo caminho da Verdade.

As ilusões costumam basear-se no erro e no engano de se atribuir um valor excessivo a algo ou a alguém sem nos darmos conta de que isso que idealizamos no outro nós o fazemos porque potencialmente já está em nós.

Por que você não procura REALIZAR em você essas figurações ideais que vê no outro? Então você não se desiludirá mas se encontrará com a própria felicidade porque terá encontrado a Verdade oculta e inexplorada de si mesma.

Naquela ocasião você também pôde ver que o que considerava um grande e intenso amor não era senão um simples capricho seu. O amor não é desejo ou paixão nem autocomplacência egoísta. Você nem sequer se apaixonou, apesar de o amor de paixão ser um amor perigoso.

Muitas paixões não chegam sequer a ser amor.

A paixão autêntica é amor quando existe um sentimento profundo de unidade, não só física e afetiva, mas do ser central com o parceiro.

Contudo, eu lhe digo que se trata de um amor perigoso porque a paixão corre o risco de se reduzir a um capricho periférico apenas, das formas exteriores, de tudo o que é agradável e simpático no parceiro. Tanto isso é assim que muitos namoros apaixonados se diluem e se transformam em fumaça, e até mesmo se convertem em aversão, ressentimento e ódio. É que não se tratava de amor, mas de uma satisfação superficial da personalidade.

Agora você compreende tudo isso muito bem. O importante é que tire uma boa lição desse fato para não tropeçar outra vez na mesma pedra ou em outra parecida.

Por um parágrafo da sua carta vejo que você está envolvida com inúmeros projetos.

Sempre volvemos os olhos para o futuro.

O que quer que eu lhe diga? É isso que se costuma dizer e é isso o que algumas pessoas importantes aconselham; mas eu não vejo isso assim.

De tanto nos preocuparmos com o futuro, deixamos de viver plenamente o presente, que é a única coisa que temos. Nem o passado nem o futuro existem. Na verdade, nem o presente existe. Porque o tempo é uma criação da mente. Você existe. Viva o que você É. Descubra o que você é e verá como muitos dos projetos ambicionados e dos desejos atormentadores vão se diluindo e perdendo consistência, e com eles desaparecem também muitas das angústias deprimentes e das ansiedades que causam inquietação.

Existe uma armadilha tanto mais forte e perigosa quanto mais sutil ela é. Trata-se da armadilha dos desejos mentais interiores, dos apegos, das necessidades familiares, do medo do futuro, das ambições descontroladas de um ego sempre insatisfeito... Não se trata do desejo de coisas imediatas. São desejos mais sutis. Estes, por mais justificáveis que pretendam torná-los, são amarras e a causa do nosso medo, de nossas ansiedades e de nossos sofrimentos.

Vivemos permanentemente atordoados por desejos de algo que pensamos ou que pretendemos conseguir.

Aquela história de confiar na Providência Divina é uma bela e simples teoria para a maioria dos crentes.

Você, que é ou já foi crente religiosa, provavelmente conhece aquele sábio ensinamento de Ignácio de Loiola ao qual se chegou a chamar de "indiferença ignaciana". Esse verdadeiro sábio ensinou que o estado de perfeição é aquele em que a pessoa se sente indiferente diante da saúde e da enfermidade, da riqueza e da pobreza, da vida ou da morte...

E Buda ensinava o mesmo. Ele nos disse que a causa de todos os nossos sofrimentos são os nossos desejos, os desejos que dominam a nossa vida. Quando a pessoa se liberta de seus desejos, do seu apego às suas coisas, às posses, às pessoas... ela se liberta também dos sofrimentos.

Alguém pode argumentar que, para viver, é preciso desejar algo porque, de outra maneira, morreríamos. Está certo. Porém, qualquer pessoa de inteligência média sabe discernir perfeitamente entre as necessidades elementares e os desejos e apegos escravizantes.

Você também me diz que acredita que não é mais a mesma; que os outros a chamam de taciturna.

Não creio que seja muito importante o seu modo de ser. O importante é que tenha muita consciência do que você é e do que faz.

Estamos muito acostumados a ficar dependentes do nosso modo de ser, em vez de nos ocuparmos realmente em SER. O que importa é que a cada dia, a cada momento, você esteja muito presente em si mesma e seja a expressão do seu Ser através de tudo o que faz.

No que diz respeito ao que os outros possam pensar sobre você, eu pensava que você já tivesse superado essas ninharias.

Você sabe que o ser humano tende a se projetar sobre os outros. Cada um projetará o que tem de pior, embora não o reconheça. Às vezes, projetam seus desejos e, como você sabe, cada pessoa pode ver em você uma parte do leque de sua personalidade, que será também uma parte da sua própria personalidade.

Preste atenção para que as suas obras sejam a expressão espontânea do Amor que você é e deixe de se preocupar com os demais.

Eu tinha a intenção de fazer comentários sobre uma série de coisinhas que acho interessantes; mas, por hoje, basta de discursos.

Torno a repetir que busque com sensatez a felicidade que existe dentro de você. Porque o reino dos céus está em você, como disse o Cristo há dois mil anos. E Ele sabia muito bem disso, por experiência própria.

A verdade é que complicamos a nossa vida. Enquanto não formos simples como as crianças, a felicidade fugirá de nós.

Quero para você o que eu quero para mim: que em cada minuto do dia, e de toda a sua vida, você esteja presente em si mesma. Para que querer mais?

Bem-vindo o sofrimento!

O sofrimento é uma bênção. Apesar de que, para a maioria das pessoas, costumar ser e parecer uma maldição.

O sofrimento é uma bênção para todos aqueles que sabem aprender a lição nele implícita.

É uma maldição para aqueles que têm como meta e objetivo únicos da vida gozar e não sofrer, e para os que consideram a vida e o mundo como o cenário e a morada do prazer imediato dos sentidos. Mas a vida não é isso. Qualquer tipo e grau de sofrimento traz consigo um ensinamento apropriado para cada momento, para cada situação. Qualquer dor, qualquer prova, qualquer contratempo, qualquer pena ou sofrimento nos querem dizer e ensinar alguma coisa. E uma lição de vida sempre é uma grande bênção. Mas isso não basta para que o sofrimento tenha um sentido didático. É preciso saber extrair dele uma lição. Uma frase pode conter um grande ensinamento. Porém não serve para nada se não se sabe ou não se quer ler.

Qualquer prova, dor ou sofrimento é a lição clara de que isso é aquilo a que estamos apegados e que perdemos total ou parcialmente, e que não deve ser objeto do nosso apego possessivo e obsessivo. Qualquer tipo de sofrimento nos ensina a soltar, a abandonar, a desapegar-nos, a não dependermos de algo que está aí talvez para nosso uso ou para outros infinitos fins e motivos, porém não para que fiquemos apegados e dependentes.

Sofre quem quer.

Sofre quem quer continuar apegado a algo.

Quando esse algo, esse objeto do seu apego lhe falta, ou se teme que possa vir a lhe faltar, surge o sofrimento.

Por mais que uma pessoa ate, reate e trate de assegurar aquilo a que está apegada, mais cedo ou mais tarde isso lhe há de faltar e ela sempre viverá com medo de que possa lhe faltar. Esse medo já é em si mesmo um constante sofrimento.

Só consegue não sofrer aquele que não se apegar a nada nem a ninguém.

Quando uma pessoa é afetada pelo sofrimento de algo que perdeu ou acredita ter perdido, e sabe extrair a lição de que sua vida, o seu ser verdadeiro é muito maior, mais rico, mais fecundo e mais feliz do que esse apego que perdeu ou teme ter perdido, seu sofrimento se converte no maior dos bens, na maior das bênçãos.

Para quem não sabe aprender com a vida, o sofrimento vai se multiplicando em cada situação de fracasso ou de medo.

São muitos os que cuidam e se esforçam para que a vida seja uma constante soma de prazeres, de satisfações e êxitos. Esse parece ser o objetivo mais cobiçado pela maioria das pessoas. Porém, na vida de todos e também dessas pessoas há momentos em que a consciência sai de sua letargia e aparece em toda a sua lucidez mostrando a futilidade de tanto trabalho e empenho para correr permanentemente atrás do brilho vão do prazer e do êxito. Então vemos e compreendemos a transitoriedade e a inutilidade de todos os objetos do nosso apego, ou surge, ameaçador, o medo de perder tudo aquilo em que se apoiava a nossa fortuna.

Só quem aprende a lição que a vida lhe oferece a cada prova passa pelos sofrimentos e prazeres com a serena e segura certeza de que sua felicidade está além de uns e de outros. Nem fica deslumbrado com os prazeres nem enlouquecido de alegria, como também não fica deprimido ou entristecido com os sofrimentos. Ele vive alheio a uns e a outros porque sabe que não está aqui para fugir da dor nem correr atrás do prazer. Sabe que vive unicamente para ser a expressão viva do que É. E isso é muito mais do que todo o transitório que possa desejar, seja divertido ou doloroso.

É afortunado aquele a quem a Vida sacode e golpeia em algum momento com alguma decepção ou desgraça e o leva a buscar o verdadeiro sentido estável de si mesmo, além de tudo o que é temporal e contingente, em vez de seguir adormecido e iludido pelas momentâneas e fictícias alegrias passageiras.

Quem prefere o prazer transitório, aparente e momentâneo continuará adormecido e impedido de buscar algo melhor, de buscar a única coisa que é a permanente e autêntica causa da nossa felicidade.

Entender isso que estamos dizendo é, ao menos, estar no caminho da busca. E prosseguir nesse caminho significa não viver correndo constantemente atrás do prazer como o burro atrás da cenoura.

Quem quiser sincera e honestamente viver a verdadeira liberdade com um sentido claro da sua existência sabe que prazer e dor, alegria e tristeza são as duas faces da mesma moeda. São dois aspectos aparentemente opostos da vida limitada por trás da qual se oculta o Ser Absoluto e através da qual Ele se expressa em suas infinitas formas. Ele, que é a base de tudo, dirige tudo com perfeita sabedoria. Ele está presente, governa e dirige tudo quanto existe, tanto o que nos é agradável, prazeroso e positivo quanto o que é desagradável, penoso e aparentemente negativo. Esse Ser, que é a Consciência Pura e Absoluta, manifesta-se de um modo especial na consciência humana de cada homem, de cada mulher. Porém, o nascimento do "ego" individual no ser humano (o pecado original) faz com que a mente egoísta aceite e qualifique como bom o que é prazeroso e como mau o que é desagradável. A consciência interna, com sua luz interior, vê tudo como proveniente da mesma mão, com a mesma sabedoria e infinita bondade.

Por tudo isso, a pessoa iluminada e conduzida pela voz interior de sua consciência profunda se sente sempre livre de temores e desejos porque sabe que a moeda é sempre a mesma, não importa o lado da moeda que nos coube por sorte.

Por isso está livre aquele que é isento dos impulsos rumo ao prazer, ao medo e à aversão à dor, pois considera tanto o prazer quanto a dor como dois impostores estranhos que querem apoderar-se do controle da sua existência.

Quando os psicólogos falam de forças que arrastam e fazem os seres humanos girarem de um lado para outro, costumam referir-se a essa tendência inata, cega e irrefreável rumo ao prazer e a natural aversão à dor.

Essa tendência costuma ser qualificada como natural e normal no ser humano. Contudo, trata-se de uma tendência natural somente em relação à matéria sensível, à parte biológica, ao corpo do ser humano como ao corpo de qualquer matéria viva sem consciência de si mesma, sem consciência da própria natureza.

Essa tendência porém não é natural nem normal na pessoa que despertou sua consciência interior no que ela tem de mais especificamente humana. Então, a compreensão de que o prazer e a dor, de que o branco e o negro, de que o positivo e o negativo são aspectos diversos porém próprios, naturais e normais de todas as infinitas formas de manifestação do SER (Deus) faz com que uns e outros sejam igualmente bem-vindos, sem recusar o que aparece como desagradável nem desejar com apego o que é agradável.

Não há tendência mais verdadeiramente humana do que a de querer ser, de querer viver e realizar o que SOMOS no fundo, o que sempre fomos na origem e o que jamais deixaremos de ser.

É a tendência de viver o SER, o Absoluto que somos em essência. Trata-se da tendência ao paraíso da felicidade que somos e do qual saímos e nos distanciamos por termos vivido exilados no deserto repleto de falsas projeções que nos aparecem como se fossem a Realidade.

É evidente que a causa dos nossos sofrimentos costuma estar nos muitos desejos que o nosso "ego" asila e nos temores correspondentes.

Porém, como em tantas outras coisas, caímos no absurdo de querer eliminar os efeitos sem eliminar as causas.

Enquanto vivermos encarnados num corpo teremos um "ego" que regula a nossa existência. No entanto, o desenvolvimento da maturidade humana, ou seja, o desenvolvimento e a evolução da consciência de nós mesmos, do que somos na nossa natureza profunda, faz com que o ego fique reduzido ao seu lugar, ao seu próprio objetivo, que não é outro senão a manutenção do corpo e da personalidade. Somente isso.

Quando, ao contrário, não há suficiente desenvolvimento da consciência em uma pessoa, o "ego" assume o controle total e absoluto da pessoa, que fica emaranhada em infinitos desejos absurdos sem ordem nem medida. A vida então se converte numa louca corrida de cada vez mais e mais desejos e, por conseguinte, de temores sem fim. O "ego" então é o dono dessa vida.

Assim se pode estabelecer esta sucessão de causas e efeitos: quanto maior a imaturidade ou, o que é o mesmo, quanto menor o desenvolvimento da consciência de si mesmo, tanto maior o "ego".

Quanto maior o "ego", tanto mais desejos e temores. Quanto mais desejos e temores, tanto mais sofrimento.

Em outras palavras: se você quiser eliminar os seus sofrimentos, elimine os desejos e os temores. Para eliminar os desejos e temores controle o "ego" e reduza-o à sua própria e exclusiva função. E para controlar o "ego" tome consciência de você mesmo, da sua realidade central, do seu Eu superior.

Contudo, diante da realidade do sofrimento, o que fazer?

Antes de mais nada, ACEITÁ-LO.

Aceitá-lo não significa simplesmente resignar-se porque não há outro remédio.

Aceitá-lo quer dizer tomar consciência de que essa dor existe porque tem de existir.

Aceitá-lo quer dizer que estamos convencidos de que esse sofrimento é justo, que é a conseqüência lógica e normal de certas causas, ainda que no momento estas sejam obscuras ou desconhecidas para nós.

Aceitá-lo é dizer SIM sem queixas ou lamentações inúteis.

Aceitá-lo quer dizer que sabemos que Deus está conosco e preside tanto os momentos de alegria profunda como os de amargo sofrimento.

Deus não é só o Deus do amanhecer radiante, mas também o da noite escura. Deus das flores e do céu; Deus das tormentas devastadoras e dos dias primaveris de calma; Deus das profundidades obscuras dos monstros marinhos e dos passarinhos nos ramos das árvores; Deus no rosto cândido e inocente da criança; Deus do instinto cruel do criminoso e do assassino; Deus no cordeiro inocente que é devorado e no leão feroz que o devora.

A vantagem de aceitar o sofrimento é dupla: em primeiro lugar, ao aceitá-lo, o sofrimento diminui e até desaparece; em segundo lugar, o sofrimento nos mostra o caminho para nossa evolução e amadurecimento.

A vida toda, em seus menores detalhes, tem um sentido didático. Aprender com ela é entender o seu sentido.

O que podemos fazer na prática?

Há algumas semanas vi o anúncio de um Congresso de Terapias Alternativas.

Depois de o cartaz enumerar mais de trinta terapias diferentes, ele acrescentava a nota: "entre outras". E é certo que entre as terapias nomeadas não se encontravam algumas das terapias mais conhecidas.

É assombroso ver a quantidade inumerável de terapias e de psicoterapias que existem e que vão surgindo a cada dia para que o homem se sinta melhor física e animicamente.

Diante desse panorama de métodos, cada qual com suas próprias técnicas e orientações, fica-se perplexo e quase desorientado sem saber que caminho tomar.

São tantas as técnicas, exercícios físicos e mentais, disciplinas e práticas que essas terapias obrigam a fazer, que o pobre paciente ou praticante tem várias horas do dia ocupadas por esses exercícios.

Quase todas as psicoterapias e métodos de melhora física ou mental apresentam objetivos claros e definidos que, em algum grau, maior ou menor, costumam ser atingidos.

Porém, sem querer parecer presunçoso ou exagerado, tenho de dizer que a terapia básica de todo melhoramento, de toda realização humana é a que leva a pessoa ao autêntico conhecimento da sua identidade como pessoa.

Nesta fantástica aventura e trabalho da realização humana é preciso que uma pergunta simples, porém fundamental, esteja permanentemente martelando a nossa consciência: quem sou eu?

É certo que não são muitos os orientadores, os psicólogos ou mestres que dão a essa pergunta a importância que ela realmente tem, visto que são poucos os que a conhecem e menos ainda os que a puseram em execução.

É certo também que não são muitas as pessoas que sentem a demanda interior e que têm disponibilidade para que se lhes proponha a pergunta, enquanto estão num baixo nível de sua evolução.

Apesar de tudo, creio que esta é uma pergunta que todos aqueles que têm um desejo sincero de saber a verdade sobre si mesmos e que querem conhecer seu lugar e sua posição diante da vida e do mundo devem fazer.

Sendo assim, proponho este singelo trabalho prático e concreto para aqueles que sinceramente desejam se transformar:

1º Em qualquer momento do dia ou da noite, fazer a si mesmo insistentemente a seguinte pergunta: Quem sou eu? Ela deve ficar ressoando continuamente na consciência, sem pausa nenhuma.

2º Sempre que alguém percebe que está num determinado estado de alegria, de tristeza, de ansiedade, de depressão, etc... faça a seguinte pergunta: O que está acontecendo comigo? De onde vem ou de onde se origina esta alegria, esta tristeza ou este estado de ânimo?

3º Observar, ao menos uma vez por dia, de preferência ao se deitar, quantas vezes e em que momentos estivemos representando um determinado papel, uma certa personagem ou, o que é o mesmo, observar em que ocasiões durante o dia fomos dirigidos e controlados pelo ego ou "eu" inferior.

4º Ver e perceber por quantos minutos ou em quantos momentos do dia estivemos consciente de que era o eu real que fazia o que fazia em cada momento.

Proponho estes exercícios como modelo. Cada pessoa deve ver o que é melhor para a sua transformação à medida que for alimentando sua aspiração com sinceridade. Quando conseguir ficar cada vez mais consciente de si mesma, a pessoa se sentirá muito melhor. E, ao mesmo tempo, irá exigindo cada vez um pouco mais de si mesma.

Neste trabalho de realização pessoal ocorre que, quando conseguimos algum progresso e depois, sejam quais forem os motivos, deixamos de nos esforçar e de continuar trabalhando, nunca retrocedemos como alguns moralistas teóricos costumam ensinar, quando dizem que "quem não progride, regride". Isso não é verdade, não está certo. Neste trabalho não se regride jamais. Pode-se estagnar. Porém, quando recobramos o ritmo da consciência, ficamos no ponto e no nível onde paramos ao abandonar o trabalho. É muito consolador comprovar isso.

Já dissemos em alguma ocasião que a maioria das pessoas corre atrás da felicidade como um galgo atrás de uma lebre. Mas dificilmente a alcança. E quando acredita que a alcançou se dá conta de que aquilo não era uma lebre, mas uma miragem.

Muitos crêem que serão felizes quando conseguirem ter uma saúde inquebrantável e fazem infinitos exercícios de ginástica, na maioria das vezes inadequados para sua natureza ou idade. Outros tratam de ter um controle rigoroso da mente. Outros ainda tentam alcançar por todos os meios possíveis a fama ou o êxito que muitas vezes lhes foge...

Ao final, todos hão de perceber que a felicidade não é algo a se obter, mas algo que já se tem; ou melhor ainda, algo que já se É e que só é preciso vivê-lo, vivenciá-lo.

Quando alguém chega a responder com a Verdade à pergunta "quem sou eu?", percebe que a felicidade está na pessoa, que eu sou a felicidade, que a felicidade não nos vem de algum lugar, nem é obtida através de alguma coisa, porém está aí, que ela é a gente mesmo. Só é preciso descobri-lo.

Alguns, todos os homens e mulheres realizados, a descobriram. Não lhes faz falta um título universitário, nem ter uma certa posição social ou intelectual. Nada disso.

Só nos falta ter um desejo autêntico de chegar à Verdade de nós mesmos.

A ALEGRIA DE SER VOCÊ MESMO

Darío Lostado

A Alegria de Ser Você Mesmo é um livro inspirador que, no seu estilo despretensioso e ao mesmo tempo direto, ensina estratégias simples e eficazes de entrar em contato com a alegria interior que transforma e cura as nossas vidas.

Em seus livros, que vêm conquistando um número cada vez maior de leitores onde quer que sejam publicados, Darío Lostado não se prende a um único tema. Sob um título geral, que dá o tom do volume, são focalizados os mais diversos assuntos sempre do interesse do leitor às voltas com os problemas que a vida moderna criou paralelamente a um avanço tecnológico cada vez mais impressionante.

Teoricamente, esse avanço deveria libertar o homem de tarefas corriqueiras que a máquina realiza mais depressa e melhor, proporcionando-lhe mais tempo para o seu aperfeiçoamento interior, assim como para o estreitamento das relações das pessoas entre si. Mas não é isso o que acontece; quanto mais o homem progride em termos materiais, mais longe ele vai ficando das pessoas, mesmo das que lhe estão mais próximas.

Daí a necessidade de abordar temas como os seguintes: amor próprio *versus* egoísmo; a pior ignorância; somos livres?; nível de felicidade *per capita*; viver a realidade; é preciso uma ideologia?; educar educando-se; o urgente e o importante; as modernas escravidões — e muitos outros cuja leitura são verdadeiras lições da arte de bem viver.

* * *

Livros de Darío Lostado publicados pela Editora Pensamento:
Viver Como Pessoa
Somos Amor
Antes de Tudo Amar
Rumo à Verdade de Você Mesmo
Mas a Minha Voz me Diz...

EDITORA PENSAMENTO

VIVER COMO PESSOA
O verdadeiro sentido da vida

Darío Lostado

Darío Lostado é um dos grandes fenômenos atuais na arte da comunicação. Suas mensagens, quer nas palestras que faz por toda a parte, quer na série de livros que vem escrevendo e que estão sendo traduzidos em várias línguas, encontram eco em todos os que, numa atitude receptiva, se identificam com o modo como o autor desenvolve temas de grande profundidade num estilo caracterizado, ao mesmo tempo, por sua clareza e simplicidade. *Viver Como Pessoa* é o primeiro da série de seus livros que a Editora Pensamento começa a divulgar no Brasil.

Segundo o autor, na escola da vida, uma das disciplinas mais importantes é a de aprender a ser pessoa em todos os momentos e em todas as circunstâncias. A vida prática de cada dia se encarrega de nos submeter a um exame diário nessa matéria, aparentemente fácil, mas que exige todo o empenho de quantos realmente pretendem ser alguém. É dessa "aprovação" que depende o bom andamento de nossas vidas e, conseqüentemente, do mundo em que vivemos.

Abordando esses temas, Darío Lostado discorre sobre o sentido da vida propondo pontos de reflexão para que o leitor tire suas próprias conclusões e descubra na prática o que significa *viver como pessoa.*

* * *

Livros de Darío Lostado publicados pela Editora Pensamento:
A Alegria de Ser Você Mesmo
Somos Amor
Antes de Tudo Amar
Rumo à Verdade de Você Mesmo
Mas a Minha Voz me Diz...

EDITORA PENSAMENTO